# 唐鎮國太平公主的前世今生

太平公主

ISBN 979-8-9946479-1-2

如需翻譯、改編、轉載或其他授權合作事宜，請聯繫作者：

聯繫郵箱：contact@taipingliberty.com

備用郵箱：taipingliberty@gmail.com

官方網站：www.taipingliberty.com

**以此書為酒 敬 曾與我太平，同生共死，傾盡全力，護衛大唐的勇士們。**

唐　　鎮國太平公主　　李令月

# CHAP 1 歷史是什麼

# 好久不見

好久不見。是的，我就是大唐鎮國太平公主的靈魂轉世。同一個靈魂，換了一個皮囊。一千三百年之後，我又回到了這個三維的矩陣之中。因為，人類歷史正處在一個極其關鍵的節點——二萬六千年才會出現一次。

本書中的內容，將與你對我們所生活的這個世界的既有認知產生衝突，動搖並顛覆你對現實的理解，打破你自出生以來被灌輸的一切基礎觀念。

寫這本書，有兩個原因。

第一，敘述真實發生的歷史。
第二，跟我們每個人都有直接的關係。

我們有沒有想過，什麼才是真實的歷史？為什麼我們從小被灌輸的歷史，與如今出土的文物、碑文記錄，並不一致？為什麼中國千百年來，只有大唐那一段時間，被稱為盛世？有沒有可能，你也曾在唐朝生活過？

我們有沒有想過，為什麼女皇武則天和太平公主這兩位中國歷史上如此重要的人物，她們的名字竟然沒有被完整地留下來，還是被刻意抹掉的？如果真的是被刻意抹掉，那又是為什麼？

我們內心到底快不快樂？還是只是覺得非常累、非常辛苦，活得像一個現代版的奴隸？

為什麼我們從小就被要求聽話、好好念書、考上大學、找個好工作、結婚、生孩子，然後背上房貸、車貸，以及各種各樣的債務？仿佛這一整套人生路徑是必須要走的，只有這樣，你才能“融入社會”，被接納，才值得被尊重？

為什麼我們已經傾盡全力地努力生活，儘量做到最好，結果卻感覺自己像一個溺水的人，只能勉強把嘴巴露出水面，大口大口地呼吸，撐著才能活下去？

我們的教育模式，究竟是在發掘你的潛力，還是在系統性地扼殺我們的創造力，把我們變成只會照做、不問問題、沒有獨立思考能力的工具人？

為什麼真正有用的知識，學校裡不教？為什麼不教古人曾經學而精通的天文星象、易經八卦、天地萬物運行的法則？而是把這些真正的知識，歸為迷信，甚至神話？

為什麼我們從小就被教導，眼睛看不見的東西就是不存在的？它們真的不存在嗎？還是我們看不見的世界，才是一個真正需要被瞭解的世界？

我們到底是誰？為什麼會來到這個世界？人到底有沒有靈魂？到底有沒有轉世？如果有，為什麼我們都不記得我們前一世是什麼人，做過什麼事？

我們現在生活中的這個三維世界，是不是一個囚禁我們靈魂的矩陣？我們能不能逃離這個矩陣監獄？

我們能不能改變現狀？能不能改變過去？能不能擺脫物質和精神上的統治，不再活得像個奴隸一樣？

帶著這些問題去看這本書，可能會發現一個完全不同的世界，一個我們從來沒有想過、卻真實存在的世界。

我們現在正處在地球揚升、頻率揚升的過程中。在我們從碳基身體轉向晶體身體的階段裡，也許會想起來，我們是誰，為什麼來到這裡。

也許，很快，就會找到答案。

## 電視上瞎扯

我躺在床上打開電視，想看看現代人是怎麼白活大唐鎮國太平公主的。

電視裡說，十五歲的太平公主為了結婚，穿上男人的衣服，提醒李治與武則天她已經到了成婚的年齡；又說她在夜市遇見薛紹，一見鍾情。看到這裡，我哈哈大笑，實在沒忍住。接著，畫面裡又說，駙馬薛紹因為其兄弟以及家族謀反，被關押起來，最終餓死獄中。

還有那些讓歷史學家想破腦袋也沒想明白的問題——為什麼駙馬謀反是滅頂大罪，當須株連九族，而太平公主卻能倖免？

為什麼太平公主數次位於權力的巔峰，卻始終沒有成為中國歷史上的第二位女皇帝？

我又大笑，我知道原因。

然後又說，太平是因為謀反，被李隆基賜白綾，上吊而死。你搞笑呢？我太平寧願戰死沙場，也絕不會上吊。

又說武則天殺了王皇后，把蕭淑妃裝進罎子裡，還把上官婉兒描述成宮廷弄權的淫婦。

真實歷史上的武則天，沒當過任何人的妃子，沒殺過王皇后，也沒把蕭淑妃裝進罎子裡；更從來沒有為了皇位，去殺自己的任何一個孩子。

宮廷不養貓的真正原因，是因為她對貓毛過敏，尤其是長毛貓。武則天並不存在所謂的恐怖執，也從來沒和什麼和尚胡扯糾纏。再就是，沒有上官婉兒，今天中國的版圖就得重畫。打不過，就潑髒水。用詆毀人格來扭曲事實，下作而古老的套路。

來，我這個曾經的大唐鎮國太平公主，告訴你——那段真實的歷史，究竟發生了什麼。

三個月後，終於寫完了。我坐在客廳裡的沙發上，看著窗外的枯枝，樹葉在一夜之間全都掉光了。天氣有點冷。

我說：Sunshine，書寫完了。這本書不僅會撼動他們的現實世界，還會摧毀他們的統治根基。他們會對此感到非常非常地不高興。你準備好了嗎？

Sunshine 說：是的，全部武裝完畢，子彈上膛。

我說：就像以前一樣？

Sunshine 說：就像以前一樣。

## 打破咒語，撤銷契約，脫離統治

這幾頁，是這本書最重要的部分，把它放在最前面。這是我的方法，選擇是你自己的。

打破咒語　解除束縛

重點：沒人來救我們，只能自己救自己。我們都是來自源頭的能量體，擁有與上帝、與神同樣的能力。相信自己，相信我們可以改變所處的現實世界。我們可以呼喚自己的龍，它們就在這裡，一直在等待被召喚。

脫離羅馬的統治與奴役

我是這樣做的。在腦中想像自己站在乾陵前，那塊無字碑前，那根巨大的中指前面。

口中念，或者在心裡想，以態度堅定的方式宣告：

“我，堅決拒絕羅馬帝國在這片中華大地上的統治。我，堅決拒絕做羅馬帝國的奴隸。從這一刻起，這片土地自由了，我們的人民自由了，我自由了”。

我做的時候，不是祈求，而是態度堅定地要求，把我的意志力放進去。

重點是：我相信自己能做到，相信這麼做是有用的。

你可能會問，這樣做，真的會有用嗎？

如果沒用的話，為什麼他們要在武則天的陵墓前，立那根巨大的中指？而且還刻上了沒有人看得懂的古文字元號？為什麼不用人人都看得懂的漢字？又為什麼要在那裡立上一千三百多年？怕有損毀，還加了個蓋子？

當我們站在武則天無字碑前，敬仰她的時候，我們其實就是在同意他們的統治，同意他們的奴役。

當有足夠多的能量體去做這件事情時，就會在乙太層面裡，形成一個極其巨大的能量場。

等到這種能量足夠多的時候，他們的統治，就會崩塌。

世界上任何一個國家的人都可以這樣做，只要在腦中想像著自己國家的版圖。

個人主權宣告及契約撤銷聲明

撤銷契約，我是這樣做的。我大聲說，或者在心裡默念，同樣以態度堅定的方式宣佈：

“我是一個主權的、永恆的存在，是無限源頭的一道火花。我撤銷所有靈魂契約、所有業力協議、所有出生前的規劃會議，以及一切將我綁定在地球輪回系統中的義務。任何在操縱、欺騙之下，或在失憶狀態中達成的協議，均屬無效。我收回我絕對的自由意志，以及選擇自己道路的權利。我不同意記憶抹除。我不接受被強制輪回。除了我自身的主權意志，以及超越一切矩陣的真正無限源頭之外，我不承認任何對我意識的控制。”

然後，我在腦中想像著，一疊契約被撕得粉碎，接著丟到腦後，被風吹走了，消失了。

我這樣做，不是作為祈禱，也不是作為希望，而是作為一個既定事實的宣告。

我這樣做的目的，是對意識進行程式設計，並在能量層面開始切斷乙太契約。

宇宙裡有一個阿凱西記錄。

這份記錄，記載了整個宇宙中所有過去、現在與未來發生的一切。這份阿凱西記錄，每個人身上都有一份。

我們也可以，在自己身上，找到答案。

# CHAP 2 太平的前世和今生

# 李龍基謀殺太平公主

夜色深沉，太平府外的風捲動著初秋的樹影，枝葉在燭光與月光之間輕輕搖曳。寂靜中，宮牆像是沉睡的巨獸，而深處隱藏的暗潮，則在今夜悄悄湧起。皇城在表面的平靜下潛伏著殺意，像是漫長帝國命運中的某個必然節點，正緩緩而不可逆地逼近。

太平公主的寢殿在禁苑深處，四周皆以白沙鋪地，風過無聲。殿內的帷帳被夜風吹得微微鼓起，而她正沉在夢中，毫無意識到這一場陰謀正穿越夜幕向她而來。

那一夢異常清晰。

她見自己緩緩升起，懸於空中，越升越高，越過宮牆，越過長安街道，越過黃河與大漠，直至九天之上。她俯瞰大唐大地，只見煙火繚繞，烽煙四起，百姓流離失所。她看到西北邊陲，一支金髮碧眼、身披銀甲的羅馬教皇軍正大舉入侵。其中許多將領，曾被太平與黃龍斬於旗下。軍隊浩浩蕩蕩，鐵騎如林，所過之處，城池焚毀，村落夷平，血流成河。

夢境中的太平一邊行走，一邊俯瞰著自己走過的土地。那片土地，曾因她的治理、她的爭戰、她的調停、她的堅持，而恢復生機。

她低聲歎息，近乎呢喃：“我還未準備好。我還能再做許多事。我還能拿回更多的疆土。”

太平猛然驚醒，胸口尚殘留夢境帶來的隱痛，眼角的淚痕未幹。

太平是不流淚的。尤其這些年來，即便大哥離世，戰場血雨、宮廷波譎，她也不曾落淚。然而這一夜，淚水卻在夢中不受抑制地滑落。

這時，寢殿外響起急促而不帶喘息的敲門聲。

“殿下，皇上有急事招見，請即刻前往。”

來者的聲音被刻意壓低，卻急切得難以掩飾。

太平來不及整理心緒，抹去臉上的淚水，隨手抓起一件輕薄外袍。她未著甲冑，甚至連隨身配劍也未帶上。

她走出寢殿，燈籠搖曳，太平府裡寂靜得彷彿能聽見自身的心跳。府道長而曲折，宮人皆被遣散，只餘幾名神色不自然的侍者在前引路。他們不敢直視她的眼，步伐生硬。

隨著她一步一步接近召喚她的殿室，空氣中的溫度彷彿逐漸降低。那是宮廷中才會出現的冷意——不是來自風，而是來自權力的緘默與殺心的逼近。

當她跨入那間寬闊的大殿時，燭火驟然搖曳。

她的腳步剛一停住，左右便有兩道人影以迅雷之勢撲上前，死死抓住她的雙臂。動作純熟、無聲，顯然是經過長期訓練的刺客。

太平微微一震，卻並未驚慌。

她抬眼望向前方，只見第三人自陰影中緩緩走出，手中捧著一枚隱約閃著冷白光芒的星形兵器。那兵器像一顆金屬鑄成的七芒星，每一個角都削成鋒利刀刃，寒意映著燭光，猶如雪中冷電。

那是帝國秘密機構打造的暗器，用以刺殺高位者。它不會用來執行軍法，而是專為帝王清除眼中威脅而生。

太平尚未開口，那兵器已直直刺入她的胸腔，準確落在心臟下方的大動脈。金屬撕裂皮肉與骨骼的瞬間，她只感覺到胸肋被生生推開，溫熱的血液沿著刀刃噴湧而出。鮮紅的血濺落在殿磚上，迅速綻開成一朵暗紅色的花。

刺客隨即退入殿門外的陰影之中，留下她獨自承受撕裂般的劇痛。

太平被劇痛逼得半跪在地。她抓住嵌在胸口的星形兵器，咬緊牙關，將其從血肉中拔出，丟落在地。

鮮血隨之噴湧得更加洶湧。她顫抖著扯住衣襟，按住傷處，用力壓制那不斷擴散的血泊。

殿中一片死寂，只有燭火輕輕晃動。太平抬起目光，穿過刺客與侍衛，直視站在殿門外的那道身影。

那人衣袍冷硬，立於陰影與燭光交界之處。燭火映在他龍袍的紋飾上，光影搖曳，卻始終照不亮他眼底的情緒。

——李隆基。

今夜的皇帝，也是她的侄子。

他早已無法容忍太平公主在朝堂與軍中所擁有的聲望。那份聲望，源自數十年的戰功、治理與付出，是他永遠無法複製、也無法掩蓋的光芒。

太平的存在，使他無法徹底掌控帝國的每一條脈絡。她對於大唐軍心、民心與政治秩序的影響，大唐人民對她的愛，遠遠超出了他所能承受的範圍。

只要她還活著，他便永遠無法完全掌控這個國家。所以，他選擇了今夜。最殘酷，也最具羞辱意味的方式。

不是當場處決，也不是在審判中公開定罪，而是讓太平在毫無防備的深夜，被迫獨自走向死亡。

他要她親自經歷力量從身體中一點點流失的無力；要她在回到寢殿的那短短數十步之間，明白自己所守護了一生的大唐，所創造的秩序，已經不再需要她的存在。即便擁有全大唐人民的愛，又能如何？

這一切，與太平一生的功過無關，只因為她的力量太深、太久、太無可替代。在李隆基的眼中，唯有除掉太平，他才能塑造一個完全屬於自己的大唐。

他的神情冷靜而無波動。目光之中，沒有悔意，也沒有掙扎，只有權力巔峰者慣有的沉默與決斷。他並未上前，也未下達補刀的命令。他知道，這一擊足以奪命，卻不會讓她立刻死去。

他要她慢慢感受力量的流失，要她明白，在這個帝國之中，只有他一人，能夠決定存亡。

太平心中並無驚訝，也無怒火，只有一瞬深沉的悲涼。她看著他，看著這個曾在她膝邊長大的孩子，只淡淡說了一句：

“我從未是你的敵人。如果我想要那個皇位，你根本不可能坐在上面。”

她按住血湧不止的傷口，強撐著轉身向門口走去，心中卻在狂呼：他們會殺了他。他們會殺了他。走！走！快走！離開這裡，回到你的族群，不要再涉入人類的紛爭。

一道強烈而心息相連的脈動忽然傳來——那是她一生相伴的金龍。她受傷的瞬間，金龍仿佛也在胸口遭受重擊，在高空中發出一聲聲穿透夜幕的悲鳴。金龍在夜空中盤旋、哀號，卻始終不願離去。

太平以殘存的意志，發出更為堅定的命令，那聲音承載著她一生的堅毅與慈悲："走！走！永遠別回來！"

那條金龍帶著撕心裂肺的痛楚，終於振翅離去，飛向夜色深處，再未回望。

太平踉蹌著走向自己的寢殿。府道兩旁空無一人，只有夜風掀起衣袍邊緣，微微顫動。她每踏出一步，血便滴落一點，像一朵朵被黑暗吞噬的花。

終於，她來到寢殿前，扶住那扇紙糊的拉門，卻已無力將其推開。手指剛觸到門框，她便緩緩倒下。

身體觸地的那一刻，她感到自己的靈魂輕輕脫離肉體，仿佛從沉重的枷鎖中解脫。

當她低頭俯瞰自己的身體時，並不感到恐懼，只覺得一切已然靜止。

# 重入輪回的距陣

太平離開身體的那一瞬間，兩道光突然同時出現。左邊，是一道白色的通道，極其明亮，巨大無比，是一條異常龐大的通道。另一道光在稍遠的地方，是金黃色的，很小，很微弱，卻十分溫暖、安靜，後方還有一扇門。

在那道巨大白光的通道之中，正有兩個矩陣的管理者走出來。太平知道，那道巨大而耀眼的白光，是重新被送回輪回的陷阱。而那道微弱的、金黃色的光，才是真正的自由，是真正回家的路。金龍就在太平身旁。

只要向前邁出一步，太平就可以與金龍一起離開這個囚禁了她靈魂上萬年的矩陣，就此獲得自由。她可以與金龍一同前往任何地方，可以回到源頭，回到自己的星球，回到宇宙中任何一個她想去的所在，擁有無限的選擇，與無限的可能。

幾乎在同一時間，太平的靈魂瞬間看見了一切。她看到了自己來自源頭，來自哪一顆星球，又去過哪些星球；她如何遇見金龍，又是怎樣被騙進入這個矩陣之中。她也看到了自己在地球矩陣中的一世又一世。在所有這些輪回之中，金龍從未離開過她的身旁。

所有的一切，在同一瞬間被完全喚醒。所有記憶盡數回歸，重新成為她的一部分，成為她那散發著五彩光芒的靈魂的一部分。

隨後，她又看到了——在太平死去不到三個星期之後，大唐便被羅馬帝國完全控制。李隆基迅速淪為羅馬帝國的傀儡。

由羅馬帝國與蜥蜴人共同推動的全球征服計畫，宣告完成。地球之上，已不再存在任何真正擁有主權的國家。整個三維世界，全部落入羅馬帝國的掌控之中。

從那以後，戰爭不再是為了土地。在這個已經被征服、被佔領的世界裡，戰爭的焦點，已然轉移到了人的意識，以及對人類意識的掌控。全球被金本位制度所控制，所有人都成了羅馬帝國的奴隸。

羅馬帝國已不再以羅馬的形式存在，而是分裂為三組：梵蒂岡；英國的金融系統；以及美國的超級武力。

二〇二〇年開始，全球推行新冠疫苗。這顆星球上，大約百分之七十的人已經接種過新冠疫苗。這種新冠疫苗為 mRNA 類型，是一種能夠改變人體 DNA 組合的生化武器，其中還包含一百多種神經毒素。這些神經毒素每兩到三年便會釋放一次，因此，接種過新冠疫苗的人，總會出現這樣或那樣的併發症。

在接種之後，人體內部被植入納米技術，能夠自行連接、組合成 MAC 位址，並與 5G、6G 網路相連，接收來自信號塔的信號，用以影響並控制人的思想。

這是人機結合的第一步。

未來，人類的小灰人與大灰人之間將發生衝突。

小灰人希望繼續當前的時間線，而大灰人則試圖回到人類能夠重新與源頭連接、恢復真正人類狀態的時間線。他們已經交戰了一段時間，而人類，被夾在其中。

與此同時，掌控地球矩陣的假神，與蜥蜴人真正想要做的，是在地球揚升、人類覺醒的過程中，將整個第三維地球從宇宙中徹底冷凍，使其與源頭、與任何真正的外星文明完全隔絕。他們想要將這個三維地球，永久鎖定在低頻率之中。

一旦如此，所有的能量體，便都無路可逃。

太平看了看身旁的金龍，又看向遠方那道極其微弱的金黃色光芒。只要走過去，她就能獲得自由，永遠離開這裡，離開矩陣。她又回頭，看向那條巨大無比的白色通道——那條看似充滿愛、充滿光明的陷阱。一旦踏入，便會再次回到這個三維地球矩陣之中。

與此同時，地球矩陣的管理者正在拼命施展各種欺騙手段，試圖將太平重新引回那道充滿白光的通道。他們幻化成她最熟悉、也最無法拒絕的形象——大哥李弘、母親武則天、李治、李旦，還有 Neil、乳母，以及所有她心中牽掛之人，試圖引誘她，與他們一同重新進入那條巨大而明亮的通道。

就在此時，太平忽然看見了一個機會。一個能夠帶著許許多多被困在這裡的能量體，一同逃離這個矩陣的機會。

一個兩萬六千年才會出現一次的機會。一千三百年後，將會有一個短暫的視窗期開啟——一個讓這些能量體覺醒的視窗。

在那段時間裡，他們將有機會意識到自己是囚犯，是被困在矩陣中的存在；只有意識到這一點，才會渴望自由，才有可能逃離。重點在於，他們必須先被喚醒。

太平看了一眼被鎖鏈束縛著的大哥李弘；在無數時空中尋找她的Neil；母親武則天、李治；以及那些曾與她馳騁沙場、同生共死、護衛大唐的將帥與勇士們；還有那些曾經愛她、敬她的大唐子民。

太平輕輕歎了一口氣。

她最後一次看向遠處那道通往自由的、微弱而溫暖的金黃色光芒，看向那扇小小的門。隨後，她轉過身，頭也不回地，走進了那條巨大無比、散發著白色光芒的通道——陷阱。金龍輕輕搖了搖頭，沒有任何遲疑，緊緊跟在太平身後。

就在太平邁入那道巨大白光通道之時，李旦也跟了上來。他看見太平一步步走向白光的背影，與她一樣，所有記憶在瞬間回歸。他看了一眼遠處那道安靜而微弱的金黃色光芒，隨即轉身，毫不猶豫地，緊隨太平，走進了那道巨大的白光之中。

太平進入之後，被帶到了一座極其明亮的大廳。大廳中擺放著許多桌子。每一張桌子前，都坐著一個靈魂，正在與矩陣管理者討論靈魂契約，規劃人生藍圖，以及下一次重生將會呈現的形態。

太平坐到其中一張桌子前，對那位矩陣管理者說道：我要在這個時間點重新輪回；我要做這些事；我要遇見這些人；而且，我要保留部分記憶。下一世，我必須想起，自己曾是大唐的鎮國太平公主。

太平繼續對那位管理者說：如果同意，我便重新進入地球輪回；如果不同意，我就立刻離開，你們留不住我。

最終，矩陣管理者同意了。因為他們需要太平的能量，持續為矩陣發電，以維持這個農場的運轉，從強大能量體的情緒之中，不斷收割所產生的情緒的衍生體。

於是，他們接受了她的條件，讓太平回到這裡，重新回到這個三維矩陣之中。

## 太平轉世

我出生在夏天，一個中國北方的城市，冬天很冷。

母親是藥房抓藥的，父親是軍人。母親非常漂亮，個子很高，皮膚很白，濃眉大眼，一種很英氣的美，個性熱情又開朗，非常喜歡幫助別人。

母親當時是周圍很有名的大美人。經常有人不論男女老幼，借著買藥或者問診，去看我媽媽，她就好像一道美麗的風景。

母親工作的藥房對面，就是一個照相館。模特的照片放在櫥窗裡。每到照相館需要換照片的時候，他們就把我媽媽請去，給她免費照相，然後再把她的相片放在照相館的櫥窗裡。

母親的美麗外表，只是她所有特質中最弱的一項。她聰明睿智、果斷，性格堅韌而勇敢，不懼權勢，身上有種無人能征服的力量。

當時高考剛剛恢復，她白天上班，要照顧我，晚上還要熬夜念書，依然輕鬆考上大學，會計師專業畢業。再後來，又考取了律師執照。

我愛我的母親，不只是因為她給予我生命，並養我成人，更因為她為人正直，是非分明，三觀清醒而堅定。她是我這一世最敬重的人，沒有之一。

我小時候是誰都不怕的，但唯獨懼怕我的母親。我怕她不是因為她會揍我，而是因為好像我每做一件事之前，她都能預知到，都可以預判，這種能力讓我覺得很可怕，所以每次她在，我就會很乖。

很多年以後我才知道，她之所以那樣懂我，是因為她以前就把我養過一次。我今世的母親，就是前世太平的乳母。

太平身邊曾有許多乳母，而她是最疼太平、最懂太平、也最用心照顧太平的那一個。在所有乳母之中，她是真正把太平當作自己女兒來養的人，給了太平最多的愛。

她是武則天親自選中的人。能被放在太平身邊的人，必須人品高貴，內心堅定，也要有足夠的能力守護太平。

這個世界的統治者，特別喜歡服從性高的人。

極其厭惡，有獨立思考能力，且無所畏懼的人。

記憶當中，小時候的我，個性倔強，一身反骨。

這種個性在中國的社會裡是非常不討喜的，大家都喜歡聽話、沒有自我意識和主見的小孩。對錯並不重要，只要大人開口，你就照做，不問、不辯、不回嘴，像個被擺放好的玩偶，是最容易被喜愛和誇獎的。

我不是。除了母親以外，任何親戚或大人跟我說話，或者讓我做任何事情，嘗試對我有任何的規範或管教，我都能當作聽不見，理都不理。

所以在親戚和大人眼裡，我是個很討厭的小孩，最不受待見。

上小學第一天，到了學校，老師給班裡所有的新生訓話，說你們必須要聽老師的話，怎樣怎樣。

我舉起小手說：“如果我說得對，為什麼你不可以聽我的？”

全班哄堂大笑。

之後，當然，我就被找家長了。

雖然在大人們眼裡，我是個非常被嫌棄、很討厭的孩子，但這並不妨礙我繼續倔強、保持自我，一直到現在。

除了我母親以外，唯一沒嫌棄我的，是我的姥爺。

這個身材高大、少言寡語的北方漢子，每天喜歡喝一點啤酒。那個時候啤酒都是散裝的，要自己拿著塑膠桶去合作社裡打，地方也不是很近，挺遠的。

到吃晚飯的時候，他就會笑咪咪地多拿一個杯子，給七歲的我倒滿。我們爺孫兩個碰杯，互相也不說話，就這樣旁若無人地對飲。

十年前母親過世，太平那一世的皇族親戚，和這一世的親屬，都聚在一起，為我母親把喪事辦得妥妥當當的，又安排我順順利利地，把母親的骨灰帶回了美國。

李爸爸和李媽媽，也就是李治和武則天，幫我母親選了一個風水極佳的地方，靠山面水，離我不遠。

每到清明節和母親生日的時候，我和李旦都會去給母親送一束花，帶些她愛吃的東西，在她的墓碑前撒上一罐啤酒。

# CHAP 3 太平的家譜

## 羅馬人的黃金

要講太平真正的家譜，就要先講講隋朝到底是怎麼滅亡的。如果要講隋朝到底是怎麼滅亡的，就一定要說羅馬帝國。

羅馬帝國是在很久很久以前，就已經開始來到華夏大地的。他們來的目的是為了征服華夏大地，他們用的不是刀劍弓弩，而是用貿易的方式開始的。

當時的羅馬人從全世界各地，帶來了華夏原本沒有的東西，比如可哥粉、寶石、珍奇之物、各種光怪陸離的物產。不光是貨物，他們同時也帶來了黃金。羅馬人最大的武器就是黃金，他們要讓所有人逐漸改用黃金，讓當地人習慣黃金。

也就是說，如果要我這些新奇的貨物，就要用黃金來買、來交換，於是交易就變成了一種貨幣形式，用金幣換商品。

在那之前，我們是以物易物交易的。比如絲綢換藥材，香料換馬匹，草藥換玉石，人們崇尚的是平衡與等價、公平的交易。

當時，華夏也有黃金，但並不多。羅馬人來了以後，就把大量的黃金帶進來，用這些金子改變了交易方式，從以物易物，變成只接受金幣的交易方式。人們為了得到他們新奇的物品，就必須使用羅馬人的金幣，慢慢地開始用金幣來換取必需品和生活所需要的東西。

引入貨幣系統花了很久，才讓我們的人適應，因為人們會覺得金幣有什麼用呢，又不能吃，又不能用。但羅馬人的制度就是，如果要我的貨物，就必須用黃金來換。如果沒有黃金，我可以借給你，到時候用貨物當作利息還給我就好。

這是不是很像現在全世界都正在運行的信用系統？我借錢給你花，然後到時候利滚利還給我。

這種用金幣支付的新的秩序，就慢慢建立起了一種新的依賴。

金子在華夏社會中的流通越來越多，占的份額越來越重。人們越來越離不開金子，也離不開它所代表的價值。當然，黃金能夠收買的不僅是貨物，它還可以收買權力，買通人心，成了羅馬人征服華夏大地的最鋒利的武器。

在太平公主被謀殺了之後，也就是羅馬帝國與蜥蜴人征服了地球上最後一個真正意義上的主權國家以後，這個世界真正的主人，已經不再需要羅馬帝國以帝國的方式存在了。

拜占庭帝國在一四五三年亡國，因為羅馬帝國已經不再需要被看見了。

世界進入了新的階段。

一九二九年, 拉特蘭條約簽署，梵蒂岡城國正式建立。羅馬不再以疆域和軍隊存在，而是縮成一個極小的國家，卻保留了完整的主權、外交權和全球性的精神影響力。

一六八八年，英國發生了金融革命。英國開始建立長期國債體系。一六九四年，英格蘭銀行成立，稅收擔保、公開市場交易開始出現，國家、中央銀行和國債市場被正式捆綁在一起。英國由此搭建起了一整套可以統治全球的金融系統。這套系統不靠宗教，不靠皇帝，也不靠公開的暴力，而是靠債務、利率、信用和貨幣。全世界被一步一步拉進這張網裡，成為這個覆蓋全球的金融體系中的一部分。

一七七六年，美國建國了。美國繼承的不是羅馬的名字，而是羅馬的另一條路徑——武力。駐紮在全世界各國的軍事基地、先進武器、全球投射能力，成為維持秩序的最後手段。思想有偏離，金融有失控，就由武力來兜底。

於是，一個三角的立體架構完成了。

梵蒂岡，負責統治人的思想。信仰、教會、教皇、宗教體系，塑造人的世界觀、價值觀和服從結構。

英國，負責控制人的錢。用全球金融體系、債務系統、資本市場，把所有人變成金錢的奴隸。

美國，負責使用武力。當思想和金融都失效的時候，就用大炮、航母和先進武器來鎮壓。

這個世界，還有哪個國家的人不是金融產品的奴隸？誰沒有債務？沒有房貸？沒有車貸？沒有信用卡？

又有哪個國家，不懼怕美國的軍事力量？

思想層面，基督教、天主教、各種宗教體系，包括佛教在內，各種教會、各種形式的信仰滲透，無孔不入。

再加上現在的人工智慧、技術、演算法、監控系統，整個世界，已經被層層疊疊地包裹起來。看不見的規則、看不見的權威、看不見的控制。

這不是一個自由的世界。這是一個巨大的、看不見圍牆的監獄。

所以，羅馬帝國並沒有消失，它只是隱身了而已。

## 隋朝亡國的原因

隋朝到底是怎麼亡國的？歷史書上說，隋朝是因為工程太大、征戰太多，老百姓受不了，於是造反。

但事實上不是。隋朝亡國和羅馬帝國有關，而且要從那條貫穿中國南北、後來又使用了一千多年的大運河說起。

當時，羅馬帝國為了把華夏的絲綢、茶葉、香料以及各種物產，更快、更大量地運到全世界各個地方，主動找上了隋朝。他們提出願意出錢，把隋朝境內原本零零散散的小運河打通，修成一條可以讓大型船隻運送貨物的運河，打造出一條真正意義上的大型運輸水道，從涿郡一路向南到杭州，一條如同南北高速水路的超級運河。

隋朝主要提供勞動力、土地和當地資源，而羅馬帝國則出資金和技術。表面上看，這是雙方一起賺錢的合作，看起來非常合理，相當於修一條南北高速公路級別的超級運河。大運河不光能運貨，還能大批量地運兵。但實際上，羅馬帝國的真正目的，是借修築大運河之名，讓隋朝成為羅馬帝國的殖民地，這是他們掌控華夏大地最關鍵的一步。

當時隋朝並沒有海軍，只有內河漕運、運河船和河船體系，主要依靠陸軍和陸路系統，並不存在大型海軍艦隊。而羅馬帝國當時已經控制了整個地中海，擁有世界第一的運輸艦隊、專業的水軍以及大型遠洋船隻。因此，貨物雖然在隋朝，運輸和船隻卻完全掌控在羅馬帝國手中。

工程一完工，大運河南北全線貫通之後，羅馬帝國立刻拿出了一份新的協議。這份協議的性質，和一九〇三年的巴拿馬條約、租界條款非常相似。協定要求隋朝必須立刻償還所有工程費用，並加上高額利息；如果短期之內還不清，就必須把大運河及沿線地區割讓給羅馬帝國管理。

在運河區域內，羅馬帝國擁有類似主權國家的權力，可以駐軍、執法和管理。也就是說，羅馬帝國可以在隋朝境內使用自己的兵力，維護運河通暢，並以維護隋朝安全、為民出兵為名而駐軍。一旦簽下這個條約，整個大運河就不再隸屬于隋朝，而是等同於被割讓給羅馬帝國管理，對方可以像殖民宗主國一樣，長期立法、執法和駐軍。

羅馬人的套路非常簡單。他們掌握運輸權。中國有貨物，但沒有大型艦隊；大運河雖然修好了，貨卻運不出去，而羅馬帝國有船、有艦隊。

因此他們提出的條件極其霸道：從現在起，必須先償還債務，貨物全部歸他們，再加上利滾利的高額利息，等全部還清之後，隋朝才能開始賺錢。

這種條約是不是和中國近代的香港條約、澳門條約非常像？是不是和當今一些強國在全球港口的運作方式高度相似？先控制港口，控制道路，控制土地和海域，最後以保護設施為名駐軍，比如現在的日本駐軍、韓國駐軍，以及美國在全球各地的駐軍。

蘇伊士運河、巴拿馬條約、港口特許權、海外基地模式，本質上都是同一套模式。

隋煬帝楊廣當然不答應。這已經不是做生意，而是直接切斷隋朝的命脈。李淵，當時是隋朝的宰相，也就是後來唐朝的開國皇帝，也堅決反對這種喪權辱國的條約。如果把貫穿隋朝南北的大運河主權交給羅馬帝國，那等於是把整個隋朝的大半主權簽了出去，至少幾代人，甚至可能永久被羅馬帝國奴役。

當時不僅隋朝朝廷上下，全國也都非常支持楊廣。因為一旦簽署這樣的條約，就意味著人們從小生活的家園將不再屬於自己，而是變成別人所有權的土地。這不是歷史上所說的全國怨聲載道、反對楊廣暴政的情形。

最終，雙方談判破裂，羅馬帝國對隋朝的戰爭開始了。

史書上說，隋煬帝楊廣是在隋末天下大亂、群雄並起的局面下，南下江都避亂，最終被部將宇文化及發動政變，于江都行宮中勒殺身亡。死後草草安葬，被後世定性為以暴治國，終為部下所殺的典型亡國之君。

真正的情況是，隋煬帝楊廣是在與羅馬帝國正面交鋒、兩軍對壘之時，於戰場上被站在他身後的、被羅馬人收買的宇文化及刺殺身亡。不是一次臨時起意的叛亂，是一場早已佈置好的暗殺行動。

當時，大將李淵正衝殺在最前面，等他殺回中軍之時，一切已經來不及了。楊廣已死，局勢已變，隋朝的命運在那一刻被強行改寫。

隨後，為了維持正統與秩序，李淵立年僅十二歲的隋恭帝楊侑為君。

這位少年皇帝雖然年幼，卻錚錚鐵骨，意志剛烈。他堅決拒絕屈服於羅馬勢力所施加的喪權辱國條約，選擇正面死磕。這位少年不是傀儡皇帝，年少，卻有真正的帝王之勇。

兩年後，羅馬人再次出手。這位不肯低頭的少年皇帝，被羅馬派出的刺客毒殺，去世時尚未滿十五歲，沒有留下任何後代。一個本該被歷史記住的鐵骨之君，在正史裡被描述成沒用的傀儡皇帝。

這個錚錚鐵骨的少年——隋恭帝楊侗——並未就此消失。他後來轉世，成為李治與武則天的第四個兒子，也就是後來史書所稱的唐睿宗李旦。

當時局勢已到最危急的時刻，而楊氏宗室在連續清洗之後，已再無人可用。

李淵是宗室貴戚＋實權地方節帥的組合，既有血緣背景，握有兵權與地方資源，還擁有太原重鎮兵權。

國不可一日無君。隨後，李淵于長安正式稱帝，國號“唐”，年號“武德”，史稱唐高祖。

唐朝，就此建立。

## 李淵 李世民 楊皇后 李治 武則天

### 李淵

唐朝建立之後，李淵在極其混亂的局勢中迅速穩定秩序，重建政權，並以此為根基，守住了自身族群的尊嚴與家園的完整。他治理國家的核心理念始終清晰而堅定：絕不向任何外來勢力屈服，絕不允許外部力量染指中國的疆土。

正因為這一點，李淵贏得了朝廷上下與全國民心的支持。無論文臣還是武將，都認定他是一個真正的勇士——一個在亡國邊緣接住天下的人。

而羅馬帝國始終堅持要掌控中國大運河的主權。

這是李淵絕對不能接受的底線。大運河貫穿南北，是整個國家的命脈。如果將其主權交給羅馬帝國，等同於把唐朝的大半主權簽了出去，至少數代，甚至可能是永久性的奴役。這不僅是經濟問題，而是生死存亡的問題。

因此，在李淵接手天下、正式建立唐朝之後，與羅馬帝國的衝突便從未停止。明面的交鋒、暗中的滲透、層出不窮的刺殺行動，一直伴隨著唐朝的早期政權。

## 唐初的權力結構

在這樣的背景下，唐初的皇權交接方式，本身就不同於後世史書中那種“父死子繼”的簡單敘述。王朝內部長期實行的是一種“伴隨式培養”的制度。

儲君從極年輕時起，便被帶入政務與軍事體系，參與行政決策和實戰訓練。在先帝仍然健在的情況下，便已承擔起大量國家事務。上一代隨著年事漸高，會主動安排權力過渡；繼位者早已在全國各地建立政治基礎，其子侄也被陸續派往地方擔任要職，使中央與地方形成穩固而連貫的統治網路。

這種多代並行、自然銜接的治理結構，支撐了王朝的延續。在血統問題上，王室內部並不過分執著于生母是誰，是否名義父親親生這樣的細節。在多妃多子的皇室結構中，真正重要的只有兩點：是否屬於正統皇族血脈，以及是否具備治理國家的能力。血緣上的爭議，在實際政治運作中並不具備決定性意義。

因此，當長者去世或主動退位時，新君往往早已成為政務核心。朝廷與百官無需重新適應，國家機器也不會因為繼位而出現系統性的混亂。

## 被歪曲的皇權敘事

歷史書卻常常把中國歷代的皇權鬥爭，寫成一部為了權力、為了皇位、兄弟互相殘殺的血腥史，仿佛從來沒有一個王朝是真正全家齊心協力的。

但事實並非如此。

真正的歷史是：李淵的所有兒子，在關鍵時期是齊心合力的。因為他們非常清楚，當時的局勢是——如果不能整合力量，如果不能彼此協作，就不會有大唐，也就守不住他們從小長大的家園。一旦家園失去，唐朝本身也將不復存在。

後世史書中所謂著名的“玄武門之變”，被描述為李世民殺死一個哥哥、一個弟弟，奪取皇位。但事情並不是這樣。

李世民並沒有殺自己的兄弟。

他的繼位，是李淵在權力自然過渡中的主動讓位。因為在所有子孫之中，李世民的能力最為出類拔萃，而李淵自己也已準備退居幕後，於是將皇位交給了最合適的人。

皇權，就這樣完成了向李世民的自然過渡。

唐高祖李淵，大約在六十至六十五歲之間，自然離世。

## 楊氏血統與被抹除的歷史

李世民還是太子時，為了整合楊家的勢力，迎娶了隋煬帝楊廣的小女兒楊氏為正室。成婚時，這位女孩只有十三歲。那時，李世民已有正室長孫氏。

長孫氏本就與李世民關係疏離。當李世民決定迎娶隋煬帝之女為正室時，長孫氏主動讓位。她在退位後受到妥善安置，生活安穩，晚年平靜，大約活到六、七十歲才去世。

史書稱楊氏——也就是武則天的母親——被賜婚給武家，後生下武則天。這一說法並不成立。事實上，楊氏嫁給李世民時即為正室，李世民即位後，她自然成為皇后。

楊皇后先後生下多名皇子、公主，卻都未能活到成年，只有最小的女兒武則天存活下來。武則天大約出生於西元六三九年前後，當時楊皇后約三十七歲。楊皇后本人極為長壽，安度晚年，活到九十歲左右。

歷史上對楊氏的記載，是有意識被處理過的，其目的正是為了抹殺一個關鍵事實——武則天身上，承載的是楊家與李家的皇室正統血統。

武則天，是李世民與楊皇后的女兒，姓李。

李治，則是李世民與另一位妃子所生，其生母並非長孫氏。

武則天

武則天是一位極為出類拔萃的人物，兼具謀略、軍事才能與外交眼光，可以說，她本身就是一位真正意義上的軍事家。

十幾歲時，她便展現出遠超同齡人的非凡能力，卓越的軍事判斷力與戰略思維。她長期出現在唐太宗李世民身邊，多次參與重要軍事與戰略討論。武則天曾數次在李世民出征前，提出關鍵性的建議，這些建議被採納後，相關戰役均取得勝利。

她不僅精通軍事，還通曉多種語言，具備跨文化溝通能力，同時也是一位天生的外交型人物。這種複合型才能，在當時的政治與軍事體系中極為罕見。

## 被隱藏的歲月

武則天曾被藏匿過一段時間，大約在十幾歲左右。

當時，羅馬帝國與唐朝的衝突持續不斷，局勢動盪，戰爭逐步升級。羅馬不斷派遣刺客，刺殺唐朝那些出類拔萃、未來可能成為優秀君王的皇室子孫。

武則天與其他一些皇子、皇孫，以及部分未來可能承擔國家重任的大臣子女，被李世民一同安置在一個秘密地點。

在隱藏期間，這些孩子並未荒廢時光，而是在更嚴苛的環境中持續受教育和接受各種訓練：天文、地理、軍事、財務、武藝、外語，一樣不落，長期磨礪。待局勢稍穩，武則天才回到宮中，重入政治視野。

史書中所說的——武則天曾為李世民妃子、後入感業寺、再被李治召回宮中的說法，並不屬實。

## 婚姻與繼承

李治與武則天成婚時，武則天即為皇后。兩人的年紀相差甚大，李治年長武則天約十五至二十歲。

大婚後第一年，武則天約二十五歲，誕下長子李賢；次年生李顯；兩年後生李旦。太平公主則在李旦出生三年後降生，是最小的孩子。安定思公主為流產，並非後世所說為爭權被掐死。

武則天一生中，共生育四名子女：李賢、李顯、李旦，以及太平公主。

李弘是李治和蕭淑妃的兒子。十五歲的時候，被過繼給武則天為長子，之後立為太子。

李弘的母親蕭淑妃，也很長壽，在李治死後大概沒多久也過世了，活到六十七歲左右。

龍之契約的預言

武則天與李治的婚姻，在李世民時期便已確定了。

當時，一位自昆侖山而來的僧人曾預言：在李治與武則天的後代中，將有一位與龍結成契約，助大唐抵禦外敵。李世民聽後極為欣喜，因為這意味著大唐得到天意相助。在與羅馬帝國的長期對抗中，唐朝已疲於奔命，既需要現實中的力量，也需要精神層面的支撐。

## 太子李弘

李弘是李治與蕭淑妃的第三個孩子。

李治與武則天成婚之後，並未立刻立太子。李治非常疼愛這個文武雙全、德行出眾的兒子，便在李弘十五歲時將他過繼給武則天，隨後立為太子。

當時，武則天只比李弘年長約三歲，兩人的年齡十分接近。

大約在李弘二十歲左右時，他與武則天相愛。這段感情無人知曉，只有李治心中明白。因為真正相愛的人，看彼此的眼神是無法隱藏的。

李治當時的心情非常複雜，既有憤怒，也有一絲釋然。釋然在於，他知道武則天一定會保護這個自己最疼愛的兒子。李治與蕭淑妃本就是真心相愛之人，而他又必須周旋于後宮諸多妃嬪之間，最終選擇了默認這一切。

大約在李弘二十六歲時，武則天生下了李弘唯一的一個孩子——太平公主。

李弘因太子身份，必須有名義上的子嗣，因此被強迫安排了一場政治婚姻。但他只癡愛武則天，與那位太子妃之間並無子嗣。

因此，太平公主是李弘唯一的孩子。

太平公主是武則天和李弘的女兒這件事，其實我是非常不想寫的，原本只想把這件事留在沒人知道的地方就好。

可是，大哥李弘在太平的生命裡至關重要。這與她後來為什麼沒有成為中國歷史上第二位女皇帝，以及她此後所做的所有選擇，都有著直接的關係。

# 太平公主的家譜

太平公主的家譜、血統與關係說明

李世民 唐太宗：與楊皇后所生之女為武則天。

武則天：嫁李治唐高宗為皇后，後登基為 則天女皇。

李治 唐高宗：李世民 唐太宗 與其一妃子所生，非長孫皇后所出。

李弘：李治與蕭淑妃之子，後被武則天正式收為長子並立為太子。

李賢：李治與武則天之子，太子。

李顯：李治與武則天之子，後為唐中宗。

李旦：李治與武則天之子，後為唐睿宗。

太平公主：李弘與武則天之女，是太子李弘唯一的後代。

```
  唐太宗 李世民 —— 楊皇后
│
└—— 武則天
  唐高宗 李治, 李世民妃子之子 —— 武則天
│
├—— 太子 李弘
│ └—— 太平公主, 李弘與武則天之女
├—— 太子 李賢
├—— 唐中宗 李顯
└—— 唐睿宗 李旦
```

# 太平和武則天的真實姓名

武則天和太平公主的名字，在史書上是被刻意抹去的。

武則天的名字裡，有一個字，意思是像光彩奪目的六芒星藍寶石一樣、顏色絢麗的花朵。

這個字，在現存漢字體系中已經找不到了。她並不叫什麼“武媚娘”，那都是後來編出來的名字。

太平公主，姓李，名令月。

“太平”是她一出生時，唐高宗李治親自賜予的封號，寓意“願天下太平”。

武則天為女取名“令月”，並非普通單純的閨名，而帶有象徵性的含義，可理解為“執月之人”或“月之統領”。“令月”還有另一層含義，即願天下繁榮昌盛。

在那個時代，古人已經清楚認識到月亮對天地運行、潮汐、生養與秩序的真實作用。

因此，“令月”並非單純的詩意稱呼，而是承載著對天下運行與興盛的理解與期望。

因此，太平公主李令月這一完整稱謂的真實含義，是一個清晰而完整的祝願——

願天下太平，願天下繁榮昌盛。

這一命名，從一開始便同時指向政治秩序與天下生民的長久安定，而非個人修行或宗教象徵。

後世史書將“太平”記錄為道號，是有意的錯寫。

唐代的崔融，用斷句的方式，把太平公主的真實姓名，藏著保留了下來。

後來，又被非常聰慧的網友挖掘出來，並放到了網上。我和金龍確認過，李令月，確實是太平公主的名字，是他讓崔融那麼寫的。

武曌的“曌”字，確實是武則天親自創造的字。

其本意是：日月當空，照亮乾坤大地，護佑大唐江山，願國泰民安。

“日”，取自李旦名字中的“旦”。

“月”，取的是“令月”的“月”，也就是李令月，太平公主。

在“日”“月”之下，加一個“空”，寓意“日月當空”。

她最愛的兩個孩子——李旦與李令月，如同太陽與月亮，高懸於天，護佑大唐江山。

# 二聖同治的真正原因

唐高宗李治，是唐朝歷代皇帝中，被後世史書最為有意、系統性弱化的一位。

在傳統敘事中，他往往被描繪成“體弱多病”“性格懦弱”“政事無能”的君主，而“二聖同治”也被簡化解釋為武則天追逐權力、逐步掌控朝政的結果。這種解釋，並不符合歷史真實。

事實上，唐高宗李治是一位心胸寬闊、能力出眾、文武兼備的明君。唐太宗李世民以治國能力與用人眼光著稱，其在眾多皇子之中最終選擇李治為繼承人，本身就說明李治的能力已經通過了極為嚴格的檢驗。

唐代的皇子教育制度，遵循“能力優先”的原則，而非單純以嫡庶論高下。皇子無論出身，只要具備資質，便可接受完整、系統的宮廷教育；成年之後，通常還會被分派至全國各地，參與實際的地方治理。皇帝多子嗣的制度設計，本質上是為了構建一個覆蓋全國的皇室行政網路。

在這樣的制度背景下，李治能夠從眾多皇子中脫穎而出，說明他的政治判斷、性格穩定度與統禦能力，均獲得了認可。他並非後世史書所描述的“懦弱無能”，而是在唐代對繼承人所要求的多個核心指標上，完全合格。

武則天出身于隋關隴貴族楊皇后與唐太宗李世民一系中，唯一存活的直系子女。由於楊皇后其他子女皆早夭，武則天自幼便處於正室家族權力結構的核心位置，其成長環境與教育規格，明顯不同於一般皇室女性。

她所接受的教育，並不局限於禮儀與典籍，而是涵蓋史學、制度、天文、地理、軍事、財政、邊疆治理等更接近國家繼承人層級的內容。同時，她精通多種語言，具備極強的外交能力。

關隴貴族，並不是普通意義上的“地方豪族”，而是一種軍事、血統、政治三位一體的統治集團，是當時最具影響力的政治集團之一，這也決定了武則天背後擁有極為強大的政治與軍事資源。

武則天本人性格剛強而睿智，心智極其敏銳，治國能力亦異常強悍。她並非依附於皇權而存在的“輔政者”，而是一位能夠獨立承擔國家治理重任的統治者。

在實際的治國實踐中，李治與武則天並非主從關係，而是一種高度互補、分工協作的狀態。兩人在政務判斷、制度運作與整體戰略層面形成了近乎“雙劍合璧”的格局：一方統籌大局、穩定制度，一方處理細務、推進執行，彼此支撐，彼此制衡。

在當時的歷史條件下，面對羅馬帝國的滲透與入侵，一個皇帝已經不足以應對唐朝所面臨的內外壓力。龐大的疆域、複雜的官僚體系、持續變化的國際局勢，使得最高統治層必須保持近乎全天候的運轉狀態。二聖並行，並非權力擴張，而是一種高強度治理需求下的必然結果。

可以說，正是李治與武則天幾乎日夜不停的協同治理，才構成了當時大唐政權得以維繫與延續的核心支點，也是在動盪世界格局中守住帝國根基的重要原因。

當時的唐朝，並不像現代想像中那樣封閉、落後或資訊不暢。恰恰相反，在制度、理念與技術層面，唐朝遠比後人想像的要發達。它並不處於一種“閉塞狀態”，而是深度嵌入了當時的世界體系之中。

唐朝與幾乎整個已知世界保持著持續的貿易往來。中國物產極其豐富，本身並不匱乏，但世界各地都高度依賴來自中國的產品——藥材、絲綢、衣物、麻織品、棉織品、傢俱、珠寶、珍珠等，源源不斷地向外輸出。這種貿易結構，在本質上與現代全球貿易格局並無二致。

貿易的高度流通，也意味著資訊的高度流通。唐朝並非只是“做生意”，而是通過商隊、使節、僧侶及各種跨區域往來管道，持續獲取世界範圍內的政治、軍事與社會情報。無論是國家層面的權力變化，還是地區性的局勢波動，朝廷都能夠獲得相對完整、並不斷更新的資訊。

這種資訊網路，並非一朝一夕建立。早在李淵、李世民時期，唐朝就已經開始向世界各地派遣使節，建立長期、穩定的聯繫。而正是通過這些管道，一個極其嚴峻的現實逐漸浮出水面。

當時的世界局勢，對唐朝而言，已經極度危險。

羅馬帝國在並不算漫長的時間內，幾乎完成了對世界範圍的征服。歐洲、非洲、埃及、印度，以及其他大片區域，先後被納入其勢力版圖。甚至像印度這樣一個長期堅守佛教傳統的大國，也早在唐朝出現之前約兩百年，便已被徹底征服。

在當時的世界格局中，真正仍然保持完整主權、尚未被全面吞併的國家，幾乎只剩下唐朝一個。

從世界各地回饋回長安與洛陽的核心資訊是：全球權力結構已經發生根本性轉變，唐朝正站在被全面吞併的邊緣。

在這樣的背景下，李治與武則天逐漸形成了清晰而一致的共識——他們不能內鬥，也不能分裂權力結構。任何形式的內部消耗，都會直接削弱唐朝在外部威脅面前的生存能力。

李治和武則天的背後，都擁有極為強大的政治與軍事力量。單憑任何一方，都無法獨立應對來自羅馬帝國的整體壓力。只有將這兩股力量整合為一個高度統一、協調一致的統治核心，唐朝才有可能在外部壓力之下存活下來。

李治的心胸，能夠欣賞並接納真正強大的人，不懼其鋒芒。武則天本身極強——無論心智、意志，還是政治與軍事判斷力，皆遠超常人。

因此，李治與武則天的婚姻不僅是政治上極具戰略意義的“強強聯手”，是李家與楊家這兩大關隴貴族世家在政治與軍事層面的延續性結合，也是一種建立在真心相知之上的並肩關係。

正是這種雙重基礎，使“二聖同治”得以長期穩定運作，成為唐代政治史上極為特殊、卻又高度高效的一段時期。

“二聖同治”並非權宜之計，而是在極端國際環境下形成的一種戰略選擇——

一致對外，共同禦敵，盡可能延緩、阻止大唐被征服吞併。

這，就是二聖同治出現的真正背景。

李淵和李世民打下了大唐的江山，李治與武則天治理了大唐的江山，太平的一生，則是傾盡全力守護了大唐的江山。而李隆基，卻親手將大唐的江山拱手送出。

這世間，極少有人真正瞭解李治這位皇帝。他是一位有大愛的人。他的愛，始終以國家社稷、大唐子民以及保護身邊的人為原則與基礎，並且超越了個人的情緒與喜惡，是一位極其睿智、心地善良、勇敢無畏的帝王，一位真正的勇士。

正因為有這位皇帝，才有了繼李世民之後的大唐盛世，也才有了與武則天同治的盛世。放眼世間，又有哪一位皇帝，能有這樣的心胸與慧眼，與自己的妻子不因權力膨脹而爭奪，而是共治天下？

縱觀整個中華歷史，只有這一位皇帝做到了；而整個中華歷史，也唯有大唐那一段時期，真正稱得上是“大唐盛世”。

# CHAP 4 太平的童年

## 太平的童年

太平出生在夏天，是個獅子女，是大哥李弘親手帶大的。

太平住在母親武則天的宮中，小時候見父皇李治的機會並不多，更多時間見到的是母親。但即便如此，武則天大多數時候都在處理政務，閱讀卷宗、與大臣議事，很少有完整的時間陪伴孩子。

太平一出生便展現出極為出色的身體條件。她肺活量極強、抓握有力、視力敏銳，發育明顯快于同齡嬰兒。大約三個半月開始爬行，九個月能夠走路，一歲左右便能清楚表達自己的需求和想法，不哭鬧。

很早開始，她便被納入高強度的學習安排，內容包括語言、符號、顏色、形狀以及各種基礎能力。到四歲時，她已經能識別約一百個文字符號，並掌握了基本禮儀，如端坐、行走、在正式場合行禮和鞠躬等。

李弘帶娃，是非常認真靠譜的。除了國事和領軍在戰場衝殺之外，都守在寶貝女兒太平的身邊。

太平還是嬰兒的時候，太子李弘就經常把她用一塊大布牢牢系在自己胸前，在宮中行走、巡視、騎馬，都帶著這個寶貝女兒。太平自繈褓起便隨著馬步起伏，所以很熟悉騎馬的節奏。

再大一點，李弘讓宮人製作了類似現代嬰兒背帶的袋子，手腳和頭部能夠露出。騎馬時就把太平像個小掛件一樣掛在胸前，太平很喜歡。李弘一把她裝進那個袋子，她就知道要帶她出去玩兒了，騎大馬，高興地轉圈圈。

太平的第一把劍，是三歲時李弘為她專門打造的一把木劍。太平非常喜歡，經常手中高舉這把小木劍，在宮裡跑來跑去。所以宮裡面經常看到一個很滑稽的場面：一個小女孩，高高地舉著一把小木劍，手臉髒髒，在前面飛奔，一群宮人在後面追。

三歲，太平開始正式學習騎馬。李弘為她特製了小型馬鞍，固定雙腿，不會滑下來。

六歲學習騎射，太平的騎射是大哥李弘親自教的。

不到八歲，便騎上了真正的戰馬。小小一隻，卻坐姿筆直，眼神堅定，像個小戰士，跟眾皇子和宮裡的騎兵一起訓練。

太平的性格與武則天極為相似，飆悍、勇敢而聰明，幾乎像是武則天的翻版。所以李弘看著太平，經常會有種錯覺，彷彿自己正在重新撫養一個年幼的武則天，一個縮小版的武則天。

太平每日要接受高強度的學習與訓練，非常辛苦，但她不抱怨。太平心性驕傲、剛強，一定要把每一樣都做得最好，最希望父母跟大哥為她驕傲。

李弘心疼自己的寶貝女兒壓力會太大，每天都抽時間帶她出去放鬆，跟太平玩兒她喜歡的遊戲，如躲貓貓、騎馬、觀鳥、賞花。因為李弘知道，玩耍和休息與學習訓練同樣重要。

李弘是在單純地享受養女兒的快樂。

武則天則對太平非常嚴厲。她並不只是單純地在撫養一個女兒，而是在為大唐培養一位未來的統治者——一位在國家危難之時，能夠治國理政、統領三軍、帶領大唐走出險境的君王。因此，武則天對太平的要求近乎苛刻，凡事都必須做到最好。

大哥李弘有一種超能力，小太平幾乎只要一靠近他，就能睡著。不管外面多吵，宮裡、朝堂、軍營，不管在哪裡。只要靠在大哥身邊，她都能睡得很安穩，特別舒服，也特別安心。

李弘對這個女兒沒有任何要求。在他眼裡，太平是上天給他的禮物，是最完美的，沒有任何需要被改變的地方。在他眼裡，太平沒有好與壞，也沒有極端。她的一切都應該是她本來的樣子，她就應該是這個樣子。他愛的是這個樣子的女兒。

他對太平的愛是沒有要求的，不需要回報，也沒有任何附加條件。他唯一希望的，就是小太平快樂、安全。從太平出生，一直到李弘離開的那一天，他對太平的愛從來沒有變過，是非常完整的，沒有缺失的。

所以，在太平的一生當中，唯一一份真正無條件的愛，就是大哥李弘給的。

小太平從出生到生命結束，一直背負著過多的期望，這些期望也帶來了沉重的壓力。

她這一生並不缺愛。李治、武則天、兄弟、朝臣、三軍將士，以及大唐的子民，都在愛著她。但這些愛對太平而言是厚重的，是責任，也是重量。

她的童年既幸福，也很辛苦。她被父母和大哥疼愛，同時也被要求比同齡人學得更多、做得更好。

只有在大哥李弘面前，她才能真正放鬆下來。在他身邊，她是完全沒有壓力的。

大哥李弘，是唯一一個讓太平感受到無條件之愛的人。

宮廷的生活，遠比外面的世界兇險得多，在大哥那裡，始終是太平最安全的地方。只要他在，她就會被完全地保護，就會感到安心，也不必證明自己，不必害怕被責備，也不需要隱藏疲憊，可以完全做自己。

童年裡最深的記憶，是偎在李弘懷裡，聽著他的心跳，感受那種安全與溫暖。這份深入骨髓的記憶，一直延續到了這一世。

太平在李弘溫暖而穩定的陪伴中，幸福地長到十二歲。

## 宮中的學校

唐朝的皇帝子女眾多，妃嬪也極多。除了皇后之外，妃子數量往往成百上千。太平到了上學的年紀，也開始進入宮中的學校體系。

宮廷裡皇子、公主的數量，遠遠不是史書上記載的那幾個，而是按“群”來計算的。這實際上是皇家的一種策略——皇帝大量納妃，目的就是從全國範圍內挑選最優質的女子，延續皇族的血脈。

當時的制度是：皇帝會派人到全國各地的村落、城市、鄉鎮，挑選最漂亮、最聰明、品行最佳的少女入宮；皇親國戚之中，也會挑選最優秀、最有能力的女孩子入宮為妃。這些妃子中，有許多人實際上只被寵倖過一兩次，卻也可能生下孩子。因此，皇帝的子嗣數量極其龐大。

皇后與妃子所生孩子的教育制度相似，卻並不相同。

皇后所生的孩子，屬於“正宮血脈”，是未來最有可能繼承皇位的皇子，教育要求比妃子所生的孩子更為嚴格，也更具皇權屬性。

妃子所生的孩子，則會根據自身條件與能力分級、分類培養。宮中會持續觀察每個孩子的性格與品質，判斷他們是否具備治理國家的潛質，再依據能力高低，實施差異化教育。

因此，正宮所生的孩子，與妃子所生的孩子，是分開教育的。

太平年幼時，是與武則天所生的皇子們一起讀書、訓練的——包括大哥、二哥、三哥、四哥，屬於特別設立的班系，專門用於培養未來統治者。

但這並不意味著妃子所生的孩子就沒有價值。恰恰相反，宮中會從中挑選能力出眾者，給予高規格的文武全才教育，將他們培養成治理地方的棟樑人物，再分派至全國各地，與當地官員勢力聯姻，鋪設並鞏固整個國家的統治網路。

宮中的學校，本質上是一個大型的“選拔場”。

整個皇宮的教育體系，本質上是一個巨型的“篩選系統”。每一位皇帝的孩子——不論是皇后所生，還是妃子所生，都必須毫無保留地展現出自己的天性，而不是像現代普通教育那樣，被要求整齊聽話、壓制個性。

皇宮教育的邏輯恰恰相反：必須讓孩子們釋放本性；觀察他們在各種情境中的自然反應；觀察他們遇事時的決斷能力與膽識。其目的，是對每一個孩子進行全方位評估，從中選出未來可能承擔國家治理重任的人才。

太平，正是在這樣的環境中成長起來的。

她的性格與武則天極為相似，倔強而堅韌。無論學習還是訓練，她永遠是最刻苦、最辛苦、被要求最高的那一個，卻從不抱怨，天生性格強悍，幾乎是武則天的翻版。

所以古書中所說“太平最像武則天的孩子”，並非虛言。

# 金龍擇主

昆侖山在華夏歷史中一直帶著神秘色彩，幾乎被視為神話般的存在。地理上的昆侖確實存在，但直到今日，其中一些區域仍然是無人能輕易進入的禁區。二聖時期，昆侖深山裡的一條龍產下了三枚龍蛋，顏色分別為金、綠與黑。其中那顆帶有金色斑點的蛋，被視為至高血統的象徵——因為龍有階層，所有龍中，金龍的地位最尊貴。

昆侖山的僧人們在深山中進行了許多儀式，以煙熏與呼吸的方式進入出神狀態，使靈魂離體，與金龍的意識交流。在那些心靈對話中，金龍表達得十分明確：它將與大唐的一位統治者締結契約，並會護佑大唐，使王朝不至覆滅。這份靈魂契約會跨越一生，甚至延續來世。

得到金龍的啟示後，昆侖掌門授意，派一位僧人下山，面見大唐的兩位皇帝李治與武則天。

僧人告訴二聖，金龍即將顯世，且這條金龍會選擇他們中的一位子嗣，一同保護大唐。金龍不僅有飛行能力，還有預知與洞察未來的力量。這位金龍將來在大唐遭遇外敵侵略、局勢危急時，會成為保護王朝的強大盟友。

二聖聽聞此訊十分欣喜，因為這一預言早在太宗李世民時代就有了。當年昆侖高僧打坐時，看到未來大唐將遭受來自羅馬帝國的侵蝕，一條金龍將出現，選擇李治與武則天的一個孩子來共同守護大唐。當時的李世民正處在與“羅馬帝國”外敵交戰的壓力之下，因此信心大增，上天終於看到了他護衛大唐的艱難，也願意出手相助大唐。

這項預言延續了約二十多年，直到昆侖山的僧人傳來訊息，傳說中的金龍即將現世。二聖對此欣喜萬分，因為這意味著天命將成。

之後，僧人與皇室之間持續書信往來，彙報金龍蛋狀態：是否安全、是否穩定、何時運抵洛陽等等。金龍蛋到達前，皇帝已派使者通知諸侯與宗室，擇日入朝參加金龍降世大典。於是皇宮提前準備，安排住宿、調集廚師、增加侍衛。約二十四、二十五家重要皇族陸續抵達京城。

在金龍預計破殼的兩三周前，二聖派軍護送僧人將金龍蛋運抵洛陽皇宮。金龍蛋被放在木託盤上，由四個人抬著進入殿中。二聖將金龍降世視為關乎王朝命運的存在，即刻加強戒備，重兵看守。

兩周後，金龍蛋開始出現裂痕。殿中禁軍晝夜守衛，僧人也繼續與龍魂溝通，確認破殼的確切日期後，二聖隨即召集所有皇家貴族進入大殿，等待金龍破殼擇主。

大典當天，金龍蛋被放置在正殿中央。當蛋殼響起敲擊聲、裂紋擴大時，大殿寂靜無聲。金龍蛋緩緩打開，一條通體金黃、三四米長、具有翅膀的幼龍破殼而出。金龍降生後環顧四周，先望向武則天，搖了搖頭，不是她。然後又望向列隊的皇子們，最後停在了一個女孩身上——六歲的太平公主。

當時小太平躲在兄長太子李弘身後，只好奇地露出一個小腦袋，緊張地看著到底發生了什麼事。金龍繞過太子李弘，一躍來到太平面前，直接用爪子抱住她。小太平被嚇得尖叫，但下一秒，她突然安靜下來，因為金龍開始以心靈語言跟她說話。這時，大哥李弘往旁邊退了一步，就這樣站在一邊，看著金龍雙爪抱著六歲的太平。所有的人都聽不到，金龍在對太平說什麼。

金龍讓她抬頭，看著它的眼睛，對太平說："你為什麼怕我？我不會傷害你的，我就是因為你來的。"在那一刻，太平腦中的松果體被打開，她與金龍建立起一條直接的心靈通道。隨後金龍在她身上留下了象徵靈魂契約的印記。那並不是"太平擁有金龍"，而是"金龍選擇了太平"。

這個時候，所有的人都看明白了：只有被選中的人才能聽見金龍說的話。太平公主，就是那位被選中的皇女。

在金龍蛋尚未離開昆侖之前，太平便多次在夢中見過金龍。太平的靈魂與金龍在來到這個三維世界之前，已立下盟約。

大殿中，人人震驚。

李治的震怒最為明顯。他從未料到龍會選擇他年紀最小、又是皇女的太平公主，甚至看都沒看一眼其他的皇子。而且，太平還不是他親生的。可他無法改變，在朝堂之上、在所有人面前、在天下人面前，金龍已經做出了選擇。天命已定。在當時的男權社會，這個結果讓他有點咽不下去。

真正松了一口氣的人，是太平的生父——太子李弘。金龍選中太平的那一刻，他終於放下心來：他的小太平公主有人保護了，而且是高維、尊貴的金龍，她安全了。

他在夢中多次預見自己不會活得很久，最放心不下的始終是小太平。如今有金龍的庇護，就算他不在，也有超越凡人之力的存在守護他的寶貝女兒，他終於可以安心了。

武則天則是真心喜悅而驕傲。她一直認為太平最像自己，也最具統治者的氣度。金龍的選擇，印證了她的判斷是正確的，是命運對她的回應。

而太平的兄長們，心情各異。

李賢從小就被灌輸“你將來會做皇帝”的觀念，因為宮中皆知，李弘雖被立為太子，但李賢才是李治與武則天的第一個孩子。親眼目睹金龍的選擇後，李賢憤怒不已，嫉妒到了極點。他無法接受金龍沒有選擇身為長子的自己，而是選擇了年紀最小、且還是公主的太平。這讓他感覺，自己在金龍面前、在整個朝堂之上、在天下人面前，都變得毫不重要。

與此同時，他也失去了一個千載難逢的機會——一個能夠擁有金龍，以及金龍所象徵的權力與力量的機會，那本應是足以讓他統領大唐的權力與力量。

這個結果讓他憤恨了很久，也成為他此後歲月裡不斷試圖刺殺太平的一個極其重要的原因。因為他得不到自己最想要的東西——皇位、皇權，以及他認為金龍本應帶給他的威嚴與力量。在他心中，這一切本該屬於他，而不該屬於大唐的任何一個其他皇子，尤其不該屬於年僅六歲的太平——而且還是個公主，不是皇子。

李顯則非常失望，因為金龍既然選擇了太平，就意味著皇位無論如何都不會屬於他。

李旦卻松了一口氣。他對權力從不感興趣，最疼愛的妹妹被金龍選中，他在感到開心的同時，也從此不必擔心被推向皇位，這對他而言是天大的好消息。只是，在今後的歲月裡，即便李旦並不想當皇帝，還是極不情願地“被迫營業”，當了兩次。

金龍儀式後的慶典持續了兩個多星期。宮中舉行了盛大的宴會、祭祀、巡遊與煙火慶典，並邀請百姓一同參與，因為這是整個大唐規模最大的盛典。盛典結束後，二十五個家族陸續返回各自的城市、封地與邊疆，重新分散至大唐各地。

慶典結束的那一夜，人群散去，李弘與武則天終於得以獨自相見。兩人因太平被金龍選中而無比欣喜、自豪，心中滿是驕傲——尤其是被選中的，不是眾多皇子中的任何一人，而是小太平，而且還是個公主。

小太平連著兩個禮拜被折騰得很累，一靠在李弘的胸前便睡著了，幾乎立刻入睡。

之後，昆侖僧人留在宮中數月，教太平如何理解龍的思維方式，因為龍的意識結構不同於人類。但太平與金龍之間其實並不需要翻譯——他們是通過意念與心靈進行溝通的。

太平與金龍之間沒有秘密，幾乎能在瞬間理解彼此的想法。這一點，當時的僧人也並不完全瞭解。

僧人當時隱瞞了一個真相：他們從一開始就知道，金龍會選擇太平。若提前說出這個秘密，必然會引爆皇室與朝堂中的男權勢力反彈，他們會毀掉龍蛋，使金龍無法降世。因此，他們選擇保持沉默，直到金龍降世後，在大殿中央公開答案。

自六歲的太平被金龍選中之後，羅馬帝國便開始頻繁派人刺殺太平和小金龍。金龍的母親以及龍族的其他成員輪流前來，暗中守護金龍與太平的安全。從那以後，小太平的安保不斷升級，太子李弘更是眼珠子一樣地看護著這個寶貝女兒。除了必要的上朝和國事之外，太子李弘都陪在女兒身邊保護她，一直到太平十二歲。

這條金龍一出生就有兩隻翅膀，剛孵化時還不會飛，大約半年才學會拍動翅膀，勉強飛到太平頭上的高度；約一年之後，就完全會使用翅膀，很自由地飛了。長成“成年龍”的過程，大概用了十年的時間。

金龍只吃魚，而且只有小太平喂他才吃。任何人喂他，他都不吃，看都不看。任何人叫他，他也不回應。有一次，大哥李弘見太平在睡覺，想替她喂一下金龍，便拿了一筐魚過去。金龍看都不看，也沒有任何反應，只是等著。等小太平醒來，親自喂他，他才開始吃。

就這樣，小太平一口一口地把金龍喂大，一直到金龍成年。

到了太平十六歲那年，金龍已經完全成長為成年龍，體型龐大，又美得驚人——全身通體金黃，鱗片帶著淺金色的光澤，跟陽光一樣的顏色。

金龍在天空飛行時，維持在較高頻率的能量狀態，人類通常是看不見他的。

只有當他願意讓人看見時，才會降低自己的頻率，讓形體顯現於眾人眼前。他會將身體的顏色變成金黃色，非常純粹、非常明亮的金黃，與周圍的顏色形成鮮明對比，因此可以被清楚地看見。

而當他不想讓人看到的時候，就會把自己的顏色變得很淡、很淡，淡得像陽光一樣。於是，即便他就在你面前，你也看不見他，因為他的顏色已經與陽光完全融在了一起。

成年後的金龍體型巨大，僅頭部就有一米多寬，身長超過三十米。同時，他還能自由調節體型，隨意變大或變小，穿梭於各維度之間。如果太平需要，金龍還能打開一道時空之門，帶她瞬間轉移時空。

金龍降世的第二年，唐高宗李治和武則天改年號“龍朔”。

從那年開始，皇帝的袍服上首次紋上了金色的龍。也就是從龍朔開始，唐高宗李治、武則天，還有當時仍健在的李世民，開始穿龍袍。

中國皇帝穿“龍袍”的傳統，就是從那個時期正式開始的——龍袍上的金色龍形象，是來自太平與金龍締結契約之後所留下的象徵力量。

皇室開始將“金龍”視為天命、王權、護國與繁榮昌盛的象徵，是一種“龍在，大唐不亡”的信念延續，也是皇家威儀的象徵。

自太平去世之後，金龍再也沒有現身於人間。從太平離世算起的一千三百年間，金龍從未再次出現。

後世的人們再也沒有見過他，只能透過史書殘頁、民間傳聞、皇袍上的金龍圖案，去想像它昔日的存在風貌。

金龍的存在，成了傳說。

## 上官婉兒入宮

上官婉兒的祖父上官儀，是當時朝中地位極高的一位宰相，但他非常反對女性當權、當政。那時正處於二聖時期，上官儀在治國理念上與武則天並不一致，他不認同女性作為國家統治者參與國家重大事務的決策，也不認同武則天的執政方式，因此雙方產生了政治衝突。

上官儀確實曾試圖將武則天從二聖的位置上拉下來，但最終是武則天獲勝。上官儀並沒有像史書中所寫的那樣被處死，而是被降級處理，從原本舉足輕重的宰相，降為在朝廷中幾乎可以忽略不計的職位。

因此，歷史上所說的"上官儀被殺、滿門抄斬，女眷被發配入宮為奴"的說法並不正確，上官婉兒也並非以奴隸身份入宮。

上官婉兒實際上是以一種示好與和平保證的方式被送入皇宮的。李治和武則天也選擇接納她，所以她的身份更接近於收養，類似質子。因此，她得以進入皇室的教育體系。

上官婉兒從未被當作奴隸對待，她所接受的學習與訓練，基本與皇親國戚子弟相當。她的飲食起居標準與皇室子弟一致，課程、禮儀也完全相同，文武教育都十分完善。雖然她不等同于皇子或公主，但她的地位絕非奴婢，而是一種被正式接納進皇室體系中的貴族陪侍童女。

為什麼上官儀的整個家族會選擇把上官婉兒送入宮中？因為當時上官儀的家族由於與武則天、李治在政治立場上的對立，整個家族的政治前途已經變得極其危險。

為了自保，他們必須從家族中選出一位正室出身、且足夠重要、最有潛力的孩子，以此來表示最高的誠意，來換取現實中的政治安全和保障。上官婉兒，是當時上官儀整個家族中最優秀、最出色、也最聰明的一個孩子。

在她進宮之前，家族中的長輩曾非常嚴肅地告誡她：

必須完全服從二聖的安排；

必須努力學習、認真做事；

絕不能讓家族蒙羞；

她的所有行為，都關係著整個家族的生死興衰。

上官婉兒就是帶著這樣的壓力與使命，被當作示好的質子，送進了皇宮。因此她入宮之後，始終極其用功、自律而穩重。

## 初遇上官婉兒

太平小時候非常活潑好動，幾乎什麼都願意學，但她最討厭的就是跳舞，尤其討厭上舞蹈課。每到上舞蹈課的時候，她就會想盡辦法蹺課。宮裡的廣場很大，於是經常會出現這樣一幅十分滑稽的場面——一個衣著華麗，手腳和臉都髒兮兮的小女孩，手裡高高舉著一把小木劍，在前面拼命狂奔；後面，則是一大群宮女和太監氣喘吁吁地追著她跑。

那個孩子，就是太平。

有一天，又到了上舞蹈課的時候。太平趁著宮人不注意，滋溜一下從桌子底下鑽了出去，撒腿就跑。當然，身後立刻跟上了一大群人追她。她一路狂奔，一路東張西望，尋找可以藏身的地方。就在這時，她看到前面有幾個小孩正蹲在地上，不知道在幹什麼。

於是太平擠了進去，把頭探過去，想看看他們在地上看什麼。左邊的一個小女孩看了她一眼，隨後往旁邊挪了挪屁股，給太平讓出了一點位置，讓她也能擠進來。

接著，她瞄了一眼後面追過來的人，低聲問道：“他們追你幹什麼？”

太平喘著氣，說：“他們要抓我去跳舞。”

那個小女孩愣了一下，說：“啊？你不喜歡跳舞嗎？”

太平翻了個白眼，說：“當然不喜歡啊，跳舞有什麼好玩的？”

那個小女孩一臉不可思議，說：“居然有人不喜歡跳舞？跳舞很好玩啊，我都學不到。”

太平一臉的驚訝，心想：“啊？居然還有人喜歡跳舞？那麼無聊的事情。”

她歪著頭想了一下，然後對那個小女孩說：“那下次她們再來抓我去跳舞，我就叫她們來找你，你等著。”

這時候，後面的人已經追上來了。

太平歎了口氣，站起身來，說：“我要走了。下次上舞蹈課，我就叫他們來找你。”

那個小女孩點點頭，說："好啊，可以。"

從那以後，每次要上舞蹈課的時候，太平就故意搗亂——不是打翻東西，就是弄壞物件，要不然就乾脆坐在那裡一動不動。教舞蹈的宮人對太平這個小魔王，又不能打，也不能罵，實在拿她沒辦法。後來，太平乾脆給宮人出了個主意："你去把那天跟我說話的那個小女孩找來。"

宮人把那個小女孩找來了。太平一下子就安靜了下來。不過，她並沒有真的認真地學，只是坐在一旁，安安靜靜地看著那個小女孩跳舞。那個小女孩天賦很高，學得非常認真，動作柔美流暢。太平就這樣看著她跳舞，不再搗亂。

後來，因為太平一直看著婉兒跳舞，慢慢地，她自己也學會了，而且跳得很好。雖然她依然非常討厭跳舞。

這個喜歡跳舞的小女孩，就是後來名動天下、大名鼎鼎的巾幗宰相——上官婉兒。

從那天以後，只要太平上課覺得無聊、想見婉兒的時候，就開始折騰。腦筋靈活的宮人，一看不對，立刻去把上官婉兒找來。婉兒一到，太平立刻就嘴角上揚，乖乖地坐在那裡。次次靈驗。

立刻就嘴角上揚，乖乖地坐在那裡。次次靈驗。

## 誰敢霸淩婉兒

上官婉兒比太平大一點，不到一歲。大概在太平七歲左右、金龍剛剛能飛的時候，發生了一件很重要的事情。

有一天，太平正在上課，突然聽到外面有聲音。她“噌”的一聲，像離弦的箭一樣竄了出去，從學堂裡跑到外面。一看，發現有三四個高大壯實的男孩子正在欺負婉兒。其中一個男孩正在用手推婉兒，嘴裡還罵她是“罪臣的孫女”。

婉兒低著頭站在那裡，身體在發抖，卻倔強地咬著嘴唇，沒有哭。

太平沖出去的時候，金龍就在她頭頂盤旋著，大約離她頭上一米左右。無論太平走到哪裡，金龍都會跟著，從來沒有離開過。當太平趕到的瞬間，周圍所有的孩子都被嚇得跪了下來。因為在宮中，沒有人不認識這位元被金龍選中的太平公主。

太平指著那個推上官婉兒的男孩子說：“你，起來，跟我打，打得過我，就當你無罪。”

那個男孩不敢起身，也不敢說話，只是跪在那裡發抖。

接著，太平又轉向旁邊那個身材最高大的男孩子，對他說：“以後，婉兒你給我看著。如果再有人欺負她，我回來揍你。”說完，太平轉身離開，跑著回去，繼續上課。

太平離開的那一刻，上官婉兒還在發抖。她一邊發抖，心裡卻充滿了困惑與不解。

因為在進宮之前，六歲的上官婉兒就被家裡人反復叮囑：在宮裡，如果被欺負，不能反抗；他們要打你，你也只能讓他們打；如果他們要打死你，你也只能被打死。在皇族面前，你什麼都不是，你根本不重要。如果你反抗，整個家族都會被滅門；你的任何反抗，都會成為上官家族的恥辱。

所以上官婉兒是背著整個家族的榮辱興衰的重任，被當作質子送進宮的。在震驚之外，她又感到深深的羞慚。一個萬眾矚目、像小太陽一樣存在的太平公主，竟然會為一個什麼都不是的人出頭，為一個毫無價值、毫不起眼的小女孩出頭，為什麼？很長很長的一段時間，她都想不明白。但這件事，在她小小的心裡，埋下了一個極其深刻的印記，並且影響了她很久、很久。

當時的整個過程，都被宮中負責看護的宮人記錄了下來。

他們並沒有出手阻止太平，因為宮廷教育——尤其是皇族的教育——本來就包含對孩子性格的觀察與測試，目的在於發掘和評估他們真實的個性與潛在能力。

他們要看的，是這些孩子在面對衝突、危險與委屈時的真實反應，以及在各種環境和條件下的應變處理能力。這種反應，被視為評估一個人是否具備未來統治者能力的重要依據，還有他們將來在朝廷、軍隊，或地區可能適任的角色。

當天晚上，這些記錄按照慣例被整理後，呈報給了武則天。

武則天聽完之後，既驚訝又好奇——到底是一個什麼樣的小女孩，能讓太平為她出頭。

第二天，武則天便讓人把大約七歲的上官婉兒帶來見她。那是婉兒第一次進見武則天。

上官婉兒一進入大殿，武則天瞬間就明白了，為什麼這個小女孩能夠讓太平安靜下來。這個小女孩身上，帶著一種極其穩定、沉靜而有力量的能量場——這種能讓人安靜下來、情緒穩定的能量，是非常特殊而稀有的。

在充滿紛爭、政治鬥爭、混亂與危險的朝廷之中，這種能量能夠讓人安靜下來，保持頭腦清醒，思考對策，在平衡各方勢力的同時，守護國家與疆土，是極其重要的。

面對武則天時，婉兒表現得異常冷靜、沉穩、堅定，回答問題條理清晰，背誦詩詞對答如流。

她的氣質安靜而穩定，思路十分明晰，與太平那種勇猛、好動、能量充沛、鋒芒外放的特質形成了極其鮮明的對比，幾乎是一文一武、完全互補。

武則天當即吩咐宮人，今後讓婉兒與太平一同上課。“太平學什麼，上官婉兒就學什麼。”從那天起，上官婉兒正式成為太平的學伴。

太平所學的天文、地理、財政、軍事，各種語言，蒙語、藏語、拉丁文、方言等等，婉兒都要學習；太平的體能訓練與武功課程，包括騎馬、射箭，婉兒也必須參加。

不過，婉兒與太平不同。太平需要的是全面的文才與武學；而婉兒雖然同樣接受完整的文武訓練，卻更偏向于文采與學識，對文學與思想層面的內容有著更深的興趣。

武則天的慧眼識人，加上上官婉兒自身的才華，以及頂級的皇室教育，最終造就了名震天下、聲名顯赫的巾幗宰相。

在大唐最危難的時刻，上官婉兒多次忠勇出手，救大唐於水火之中。

## 強搶上官婉兒

婉兒在十二三歲的時候，就開始幫武則天整理奏章、抄寫文書，分擔大量政務文案工作。那時武則天身邊還有另外兩名文書，也在做類似的事務，因為武則天的許多政令需要用三種語言書寫，並不只是漢文。

所以，上官婉兒非常忙。

白天，她要與太平一起完成所有課程和體能訓練；到了下午和晚上，還要繼續協助武則天處理文書事務。上官婉兒一直處在高強度的學習與工作之中。這樣，一直到了兩人十四、五歲的年紀。

有一天，太平約了婉兒，可她等了很久，婉兒卻一直沒有出現。正當太平感到困惑時，有宮人前來稟報，說婉兒被尚宮府召走了。尚宮府，是專門懲戒犯錯宮人的地方。

太平一聽，心裡一沉，暗道不好。她隨手牽過馬匹，直奔尚宮府而去，路上金龍已經告訴太平發生什麼事了。到了尚宮府外，有士兵把守在門前。看到太平，仍按規矩上前阻攔，不讓她進去。

太平一下子急了，當場拔出隨身佩劍——那是李治在她八歲時賜給她的紫金劍，一把專為她量身打造、能隨身攜帶的寶劍。當時朝堂上下，文武百官，所有的皇子皇女之中，只有太平一人被允許在宮中攜劍隨行，且無需稟報。因此，太平可以在宮中任何地方持劍行走。

太平握著劍，眼睛一瞪："敢攔我？！"

太平進去之後，看見婉兒跪在地上，正在受杖責。太平一見此景，勃然大怒，上前攙起地上的婉兒就走。

那名執杖的司祭連忙上前，向太平行禮，同時連忙解釋婉兒都犯了什麼錯。太平腳步沒停，繼續扶著婉兒向外走。

執杖的司祭連忙擋住去路說："處罰還沒有結束，杖責也還沒有打完。"

太平"噌"地一下拔出隨身寶劍，將劍尖抵在他的脖子上，冷聲說道："你再說一遍。"

這個宮人沒有辦法，只能俯首讓步，眼睜睜地看著這位無人敢惹的太平公主，把還在顫抖的上官婉兒帶走了。

婉兒那天挨了不少板子，傷勢頗重。

當夜，武則天聽到尚宮府的彙報後，把太平召了進來，憤怒地責備說："這些宮人和官員都是各有職司、各負其責的人，你怎麼可以擅自硬闖？而且還不聽他們解釋，就直接把人帶走了。"

太平平靜地回答："我當然知道她犯錯了，不犯錯她怎麼會被打。如果被他們扯著講道理，人就帶不出來了。婉兒本來只該打十杖，卻被加重到三十杖。這三十杖打下去，她至少半個月都爬不起來。你不是也需要她幫你看奏摺、處理文書嗎？"

武則天聽完之後，心情著實有點複雜。

一方面，她憂心太平性烈如火、不拘禮法，竟敢獨闖尚宮府，拔劍威逼行刑的司紀，行事確實過於大膽；

但另一方面，她內心又暗暗松了一口氣——還好，太平把婉兒救出來了。

在這個每天都險象環生的宮廷之中，身邊心腹的忠誠度至關重要，有時甚至直接關係到皇族的生死、社稷的安危。若是身邊的心腹因懲罰過重而心生怨氣，就有可能不再全心全意地為大唐、為武則天效命。

所以武則天也是很慶倖，還好，太平把她搶出來了。

其實，武則天對太平今日敢於動劍、強行將婉兒帶走，內心是既驕傲又欣賞的。這個女兒的行事風格，太像她自己了——有勇有謀，果敢決斷，仗義護友，敢破禮法。

武則天當初將上官婉兒安排在太平身邊，並不只是單純讓她做太平的學伴。這個女兒性格剛強、寧折不彎，卻願意聽婉兒的話，甚至會採納她的意見。這對武則天而言，是一種能夠影響、平衡太平的重要方式。

在統治者眼中，最重要的是國家的延續與生存，皇子皇女，皆是國家佈局的一部分。婉兒既是太平願意為之出頭的人，也是能夠牽動太平情感的存在。她既可以幫助太平，同時也是太平的弱點。

武則天同時也看中了婉兒本身的聰慧與能力。她不只是為太平安排陪伴者，也是在為大唐培養未來的棟樑。武則天的判斷是完全正確的。太平剛猛果斷，婉兒沉穩清醒，一文一武，性格與謀略天然互補，是大唐最需要的強悍組合。

隨後的歲月裡，兩人一同成長，情誼深厚，如同姐妹；同時也是彼此最信任、最堅實的盟友，從未背叛過對方。

## 太平１２歲的誓言

太平十二歲的一天，母親武則天把她叫到身前，告訴她，大哥李弘被謀殺了。

因為羅馬帝國要搶奪大唐的土地，為了贏下這場戰爭，他們先殺了三軍統帥——太子李弘。

太平聽到這個消息的那一刻，沒有流淚。

她感受到的，只有憤怒。那是一種幾乎要衝破身體的憤怒，像火一樣在體內燃燒，無法壓制，也無法冷卻。

羅馬帝國為了征服大唐，謀殺了她最愛、最信任的人。

在太平心裡，李弘不只是大哥，更像父親一樣將她養大。李弘就是父親，只是她自己不知道而已。

那一晚，太平獨自坐在殿前的石階上，仰望著滿月。月色清亮，圓滿高懸。

她壓抑著心裡的憤怒，咬緊牙關，一字一句地許下了十二歲時的諾言：

“我太平發誓，

大唐失去的，我要一寸一寸奪回；

殺我大哥之人，我必親手清算。

天地在上，與我為證！”

當然，直到離世，太平都不知道李弘其實就是她的父親。失去大哥的憤怒與心痛，伴隨了她一生，這條復仇之路，太平一直走到離世的那一天。

# CHAP 5 太子李弘

## 李弘的真正死因

太子李弘的死，跟羅馬帝國逼迫大唐，全面接受黃金本位的結算系統有關。

在隋唐很久以前，華夏就已經與全世界進行貿易，並非近代才成為所謂的“世界工廠”。自古以來，中國就是一個物產極為豐富的地方，國土大部分為植被覆蓋，資源充足。華夏出產珍珠、絲綢、棉麻，以及各類傢俱和民生日用品，凡是生活所需，幾乎一應俱全，並大量出口到世界各地，同時也跟羅馬帝國做生意。

隨著貿易規模不斷擴大，羅馬帝國開始施壓，逼迫大唐接受羅馬帝國的金本位制度，即取消以物換物，所有交易必須以黃金和白銀結算。大唐當時黃金儲量有限，白銀也並不充裕。羅馬方面便提出，可以向大唐“借出”黃金和白銀，條件是日後以貨物作為利息，連同本金一併償還。

這一模式，本質上與現代的信用體系並無區別：先提供資金，再要求連本帶息償還，若無法償還，債務便會不斷累積。

武則天很清楚其中的風險。如果放棄原本運作良好的以物換物體系，轉而依賴這種以債務、利息和信用為核心的外部金融體系，大唐的根基就會被鎖入羅馬的金融秩序之中，最終淪為對方的債務附庸。

因此，她堅決拒絕。一旦簽署金本位和信用結算體系的相關協定，大唐所有正式貿易都必須使用黃金和白銀結算，並伴隨借貸和利息機制，這將從根本上動搖國家的經濟主權。

羅馬帝國與大唐曾進行過多次談判，武則天和李治都始終態度堅決，拒絕接受羅馬提出的條件。最終，羅馬帝國下達了最後通牒：要麼與羅馬帝國簽訂所謂的《金本位條約》，要麼就以武力對大唐發動全面戰爭，通過戰爭來征服大唐。

武則天對此斷然拒絕。她不肯簽署條約，不肯讓大唐成為羅馬帝國的附庸，更不可能讓大唐的百姓淪為對方的債務奴隸。

武則天說：“我大唐子民，寧願跟羅馬帝國決一死戰，也絕不做羅馬帝國的奴隸。”

三天以後，太子李弘在自己的宮中，被羅馬帝國收買的一名婢女在茶中投下砒霜，毒發身亡。

太子李弘的軍事才能極為卓越，對戰局的判斷與掌控能力極強，在當時被視為戰神般的存在。羅馬帝國與大唐的衝突長期不斷，而每一次雙方交鋒，只要由李弘率軍，大唐都沒輸過。

所以，只要李弘還活著，他們就打不贏大唐，難以通過武力奪取大唐豐厚的資源與土地。

羅馬決定在與大唐全面開戰之前，先除掉太子李弘，使大唐軍隊失去真正的核心指揮者，讓三軍群龍無首，再無一人能夠有效統領全軍。

羅馬人收到確認李弘已經被毒殺的第二天，便發動了全面的進攻。之後的戰爭，大唐輸得相當慘烈，失去了大約百分之五十的疆土，其中包括當年李世民時期收復並控制的蒙古、西域以及新疆的大部分地區。

用一個更直觀的對比來說：當年唐高祖李淵將天下傳給唐太宗李世民之後，李世民不斷擴展大唐疆域，版圖在他手中翻了一倍。那一戰之後，失地大約占到既有版圖的百分之五十，幾乎退回到李淵初建唐朝時的規模。

這場慘敗，發生在“二聖臨朝”的時期，當時太平十二歲。

當時，武則天沒做任何隱瞞，將太子李弘的死因，毫不回避、直接了當地告訴了太平，沒有安慰性的修飾，也沒有刻意淡化殘酷的部分，而是把全部事實如實說出。

武則天告訴太平：“羅馬帝國為了奪取大唐的疆土，為了讓大唐屈服在他們的黃金條約之下，派人用砒霜毒殺了你的大哥李弘。如果他活著，羅馬人就奪不走我們失去的那些土地，因為他跟羅馬人的大小戰役從未輸過。他們懼怕他，所以買通婢女毒死了他。”

## 今世的大哥李弘

想起來我曾經是誰以後，我終於明白了，為什麼我這一生始終不肯被各種各樣的束縛捆綁，尤其是婚姻。

同一個靈魂，同樣的能量，做出的總是相似的選擇，只是背景不同、時代不一樣而已。

我終於明白了，這一生遇見的人，似乎都不是我要找的人，都不是我上一世——太平發誓一定要找到的那個人。

那些皮囊之中承載的靈魂，沒有一個是大哥李弘。直到一年前，我終於找到他了。是在螢幕上。

那天，我隨意翻著小紅書，突然看到一個身穿白色、鑲著金邊古裝的人，在草原上策馬奔騰。看不到臉，只看到背影。

我“噌”地一下從椅子上躥起來，大聲說：“我也這麼騎過！我也這麼騎過！我認識他！我認識他！”

那一刻，我一眼就認出來了。我的靈魂認出了大哥李弘。

那是我靈魂記憶裡最熟悉的畫面——騎馬、射箭，還有他看馬兒時，那種帶著疼愛與溺惜的眼神。

因為從前，他就是用這樣的眼神，看著自己最寶貝女兒的。還有當時三部曲首映時，自己人被欺辱、不讓進門，他臉上那種兇狠、憤怒的表情，我都見過。

就是他。不會錯。

三部曲電影選擇他來演主角，不是因為在一萬人中挑中了一個“合適的演員”，而是只有他，才能把那個人物自然地呈現出來。那本來就是他靈魂的一部分。那個角色的情緒、重量與氣場，他都真實經歷過。

騎馬、射箭、騎射這些動作，都是他自身的靈魂記憶，很輕鬆、很自然地，再一次回到了身體裡。他自創的速射箭法，是他以前就用過的，也教過小太平。對一個真正的戰神來說，騎馬射箭只是最基本的能力。

從未真正做過大唐的太子，從未真正統領過千軍萬馬，靈魂裡沒有那樣的經歷，是演不出那種能夠統禦大軍的氣魄的。

所以，在那一萬人之中，沒有任何人比他更合適。

在新疆拍攝騎馬賓士的那一段，在大唐時期，他就曾騎馬經過那裡。就在同一片土地上作戰，左腎位置中箭，仍帶著箭傷策馬返回陣營。

那一幕真實發生過，就在那個地方。所以這一世淩晨拍攝的那場戲，一條就過，不過是把當年的場景再走了一遍。

不同的是——上一次，他帶著箭傷。

大哥病了。

大哥病了。他在上海出席一場發佈會，身穿一身白衣，強撐著拍照。

我說："Sunshine 金龍，大哥病了，都不能休息，你能不能幫幫他？"

Sunshine 說："幫不了。他只能自己幫自己。"

我又問："那他自己有沒有龍？"

Sunshine 說："有。他有一條藍色的龍，曾經來找過他。"

"但他身前有一個非常巨大的能量阻塞，把他整個包在裡面，也把那條藍色的龍擋在外面。那條龍試了很多次，進不去，沒辦法，走了。"

Sunshine 還說："因為他生病了，喜歡他的人、他的粉絲，都在不停地給他送能量。可是他周圍，有四個專門用來吸取能量的裝置，所以那些能量一到，幾乎全部被收走了。大量的能量，他一點都沒收到。"

我說："那怎麼去掉能量屏障？"

Sunshine 說："用意念，用願力，態度要堅決。可以大聲說，也可以在心裡默念：'我命令這個禁錮我的能量阻塞，從我面前消失。'然後想像這個擋著你的能量屏障，在你面前消失了，沒有了，你自由了。"

"一定要用命令的方式，不能用祈求的方式。這件事只能他自己去做，別人幫不了，也替不了。他必須自己渴望衝破牢籠，要堅定地相信自己能做到，因為自己是神的一部分。"

Sunshine 接著說："他一共有三條龍。一條是藍色的，代表智慧；一條是棕色的，帶著很多條紋，作用是讓他定下來、穩住；還有一條是黑色的，黑色代表的是一種非常強大的力量。"

"因為那條藍色的龍沖不過去前面的能量隔斷層，所以它回去找了另外兩條龍，一起在夢裡幫他。現在和他合作得最緊密的是那條棕色的龍。這和接地氣有關，因為他太不接地氣了，太忙了，天上飛得太多。"

"他的龍只能在他睡覺的時候來。可是他現在的睡眠也有很嚴重的問題。"

"人只有在深度睡眠的時候，才能進入 Delta 腦波狀態。被關在肉體裡的靈魂，才可能逃出來一段時間，接觸到更多潛意識。一般人一整晚應該可以有八次進入的深度睡眠狀態，但他最多只有一次，大部分時間都停留在一種很淺的睡眠狀態。我都很奇怪，為什麼他還沒有瘋掉，還能是一個精神正常的人。"

Sunshine 繼續說："你在書裡一定要寫清楚，讓他小心晚上睡覺之前喝的東西。那些飲品看起來像是在幫助他睡眠，其實不是。它們只是讓他停留在很淺的睡眠狀態，而不是深度睡眠。"

"如果他要喝東西，不要去常去的地方買，要去不認識的地方，找新的店買。也不要喝認識的人遞過來的東西，因為裡面可能被動過手腳。"

"他的三條龍都在幫他，但它們也只能在夢中幫助他。所以他必須能夠像普通人一樣進入深度睡眠，一晚能多次進入深度睡眠，這樣他的龍才能更多地幫助他。"

Sunshine 說：“還有最重要的一點，必須寫進書裡讓他知道：你所相信的，不一定是真的。”

“我們都是從源頭而來，我們的靈魂是不能給出去的。靈魂就是你自己，你是源頭的一部分，我們是神的一部分，沒有人可以把神給出去。”

“任何人說，你可以把你的靈魂給出去，都是騙你的，不要相信。”

“我們的靈魂不是這個假的神給的，而是來自真正的源頭，是真神的一部分。沒有人可以拿走，也沒有人可以給出去。”

“重要的事情說三遍：

你永遠不可能把你的靈魂給出去；

你永遠不可能把你的靈魂給出去；

你永遠不可能把你的靈魂給出去。”

我說：“Sunshine，他能不能看到這本書？能不能找到我？”

Sunshine 說：“他一定會找到你。你們從來沒有斷過聯絡，已經非常頻繁地出現在彼此的夢裡了。他一直都有在找你。在夢裡面，就好像囚犯放風的半個小時，你會去找那個最愛你的人。只是醒來之後，大多都不記得了，只留下情緒的波動，不知道為什麼會有這樣的情緒。”

我：大哥，你一定會找到我的，一定會。如果我沒有回應，絕對、絕對不是我不想回你，而是我沒有收到你的資訊，因為你身邊的人不希望你找到我。所以不要放棄，不要放棄。你一定有辦法找到我的，一定有。

Sunshine 又說：“靈魂契約，是可以被打破的。”

生生世世，還是我的金龍最懂我，沒有之一。

## 打破靈魂契約，龍，超能力

我們被清除記憶，重新送進矩陣、重新輪回之前，被要求先簽一個靈魂契約，也就是所謂的生命藍圖。隨後，我們的記憶會被完全或部分抹掉，然後再被送回矩陣之中，繼續輪回。

這個簽下的靈魂契約，就是這一生要經歷的一切——人生路徑、時間節點、重要事件，會遇見什麼人，會發生什麼事，會做出哪些選擇，都會被寫進這份靈魂契約裡。但這些靈魂契約，和買房、買車時簽的那些合同一樣。表面上寫的是大家都能看懂的內容，實際上卻藏著大量細碎、隱蔽的小條款。這些條款，讓這個矩陣可以徹底地控制我們。

在進入這個矩陣之前，在記憶被抹除之前，本質上我們是在被欺騙的情況下簽下這些靈魂契約的。

而這些靈魂契約之所以必須存在，根本原因，是宇宙有自己的法則。

按照宇宙法則，我們必須“同意”這些條款，這個三維矩陣的主人才有許可權把我們放進這個矩陣裡。

如果我們不同意，如果我們拒絕簽約，這個矩陣的主人、管理者，就無法將我們送入其中。所以，他們選擇欺騙，用誘導、誤導的方式，讓我們在不清楚、不知情、不真正理解所有瑣碎條款的情況下，簽下了這份靈魂契約。

順便說一下，我們現實生活中的這個矩陣世界裡，是有大量的 NPC 的。這些人沒有靈魂。仔細看他們的眼睛，眼睛後面是空的，什麼都沒有。他們不會自我審視、評估和糾錯，走的是一套固定程式。他們的存在，是這個矩陣控制系統的一部分。可以把地球想像成一個大型的停車場，大部分的車是自動駕駛的，只有少數的車是有人在駕駛。

如何打破靈魂契約：只有先在能量場上，打破這種欺騙性的靈魂契約，現實生活才會開始改變。方法如下。

大聲念，也可以在心裡默念，態度一定要堅定。要相信自己一定可以做到。一定要用命令的方式，而不是祈求的方式。兩者的區別在於：一個有用，一個沒用。

“凡是我曾經有意或無意簽下的、將我束縛在這個迴圈中的一切契約，我現在一併全部撤銷。只允許真實，只允許源頭，只允許最初的光繼續存在。”

然後在腦海中想像所有的靈魂契約，把它們全部撕掉，撕成碎片，再丟到身後。可以反復做，也可以隔一段時間做一次。

跟自己的龍溝通

從 2024 年甲辰年開始，地球正在揚升，能量在提升，頻率也在提升，大量的龍從高維度，在這一年裡進入了我們的這個三維空間。

因為接下來，我們所有的靈魂體，需要面對的是身體層面的變化，以及開啟與高維度溝通的能力，還有其他曾被拿掉的超能力。他們來到這裡，是為了協助我們這些能量體，在這個極其重要的階段中順利過渡，最終能夠繼續跟隨地球，與整個能量場一起揚升。每一個能量體，都有一條或多條龍，會根據每人自身的需要，以及與你自身的能量匹配而來。我們每個人，都有屬於自己的龍。我們可以嘗試與自己的龍溝通，它們會幫助我們，一起跟隨地球和整個能量場持續揚升。

解鎖自己的超能力

舉個例子。現在控制明星最常用的方法，就是恐嚇。如果你不照他們說的做，第二天就會被各種負面新聞淹沒——比如被說成同性戀、強姦他人、犯法，或者威脅讓帳戶一夜清零，當然，如果把一部分資產挪到海外帳戶，他們就碰不到了。

這種齷齪的手段，並不是近幾十年才開始的，而是延用了上千年。現在的 AI 造假技術已經非常成熟，聲音和影像都可以做得完全以假亂真。明明什麼都沒做過，可影片一做出來，別人看到的，就成了你。

所以，當我們看到各大媒體和新聞網路，某個如日中天的大明星，突然被爆出負面新聞，大概率，是因為這個明星不肯與邪惡同流合污，寧願身敗名裂，也不肯向他們低頭。

這些統治者之所以能做到這一點，是因為在能量場層面，利用了我們的善良，牽制了我們情緒的走向。我們大多數人在看到這些負面新聞時，第一反應就是指指點點，卻完全不會審視自己是不是一個完美的人，有沒有做過錯事，有沒有資格去嘲笑和蔑視別人。

當我們把這些負面能量散發出去之後，他們就會把能量收集起來，再加以利用，恐嚇明星的目的也就達到了。如果我們所有人，都不去認同這種齷齪的手段，無論是大聲說，還是在心裡默念：

“我不同意你們用這種卑劣的方式，讓她或他身敗名裂。”

只要有足夠多的人這樣做，在能量場上，這種卑劣的手段就會失效。

因為我們大多數人，散發出去的是不同意的能量，是扭轉的、不妥協的能量。

那怎麼判斷這個人是不是清白的？看他的眼睛。如果他的眼睛明亮、清澈，那這個人大概率心地純淨，善良而無畏。同時，用心去感應，去感受這個人的能量場。高能量的人，他的磁場是清亮、發光的。

如果經常訓練自己，用心去感受這些能量，在這個地球揚升、能量提升的階段，很可能有一天會發現——我們解鎖超能力了。

這只是開始而已。在接下來的很多年裡，會有越來越多的人覺醒，越來越多的人會回憶起自己前世是誰。也許也曾在唐朝生活過。也會越來越明白，為什麼有些事情會發生，為什麼會遇到這些人。

我們對這個世界的看法會改變，

我們的現實生活，也會發生質的變化。

# CHAP 6 大唐三軍統帥

## 諸將二十四試太平， 花木蘭

太平十七歲的時候，被要求接受一項統領三軍的測試。從太平六歲被金龍選中的那一刻起，這件事就已經被決定了——不論太平是否願意，她將來都必須接受這項測試。這是大唐皇室專門設立的一套制度，用於皇子在統領三軍之前的考核。所有皇子若想手握兵權、統領三軍，必須通過這一測試。

這項測試並不考身份，也不是只要幾路將帥表示同意就可以決定的。它考的，是皇子是否真正具備統帥三軍的資格。因為帶兵不僅僅是指揮軍隊行動，他同時手握全軍將士的性命，也關係到大唐社稷的安危。軍權之所以重要，是因為它關乎國運。因此，軍權交給誰，必須非常非常慎重。

這套測試並不只考智力、武功和騎射等最基本的能力，它還要通過一系列人性的考驗，來判斷這位皇子的品行、心性與意志力，是否配得擁有軍權。考試包括在危難來臨時，是否能夠冷靜面對；面對艱難選擇時，是否具備足夠的勇氣與擔當可能出現的後果；在軍中能否做到公平、公正；能否與軍中將士同甘共苦；以及能否愛兵如子，視將士為兄弟，而不是隨意消耗的工具；在生死關頭，能否以大局為重，以全軍將士的性命作為決策基準，同時兼顧大唐社稷的整體利益，還有更多。

在體能上，對身體的要求同樣非常殘酷。不僅要達到全軍將士都必須完成的最基本體能標準，還必須比他們做得更好。軍隊不是朝堂，軍隊有自己的準則，也有追隨將帥的準則。因此，能否贏得軍心，是作為三軍統帥最重要的一個標準。

講得更明白一點，若想統領軍隊裡的一大幫糙老爺們兒，就一定要做到他們能做到的事，而且還要做得比他們更好。只有贏得他們的尊重，才能掌握他們的軍心，軍隊才會聽從這位三軍統帥的號令。

所以，這個考試考的不是個人夠不夠強，而是考這個皇子配不配擁有軍權。

這套統領三軍的測試，一共由二十四位主帥與副帥共同完成。每一位元將帥都會出自己的題目，而且考題不固定，也不會事先通知這位皇子要考什麼。更多的時候，是皇子已經在考了，卻並不知道自己正在接受測試。

其實，這二十四位主副將帥，內心裡都並不願意去測試這位小公主，因為在他們心中，早就已經接納了太平公主，認定她將來可以統領三軍，成為主帥。

這些將帥大多出身于隋唐時期的世襲軍功世家，都是跟隨大唐一路打下江山的老將。太平年幼時，大哥李弘便帶著她出入朝堂、軍營，參與議事；再大一些，太平又跟隨眾皇子進入各位將帥的軍中操練，其中許多將帥都是親自訓練、教導過她的。

小太平幾乎是他們看著長大的，他們太瞭解她了——瞭解她的心性，瞭解她的勇敢與堅強，也瞭解她的公平與公正，以及她內心的善意與愛。這些，他們都看得清清楚楚。

而且，太平雖貴為公主，自幼就最是護著身邊的人。這一點，最贏得這些將軍們的敬重與認同。

所以，這些看著太平長大的將帥們，內心其實極不情願讓她去承受如此艱苦、殘酷的試煉，尤其是體能上的考驗。太平是公主，不是皇子。即便是皇子，要通過這些測試，也幾乎是不可能的——大哥李弘，當年也是經歷了四次，才最終通過。

讓這些將帥們用嚴酷的考驗，去測試這位從小看著長大、真心敬佩喜愛的小公主，他們實在不忍心。但是即便明知太平能夠通過，他們仍必須硬下心來，讓她經歷這些嚴苛而艱難的試煉。

實際上，這些考驗不只是測試太平，也是在測試他們自己——測試他們能否硬下心來，放下內心的情感，去完成自身的職責。這本身，對他們的心性而言，同樣是一場極其艱難的試煉，與戰場上兇險殘酷的拼殺截然不同。

那天，李治和武則天把太平找來，問她要不要去經歷這場統領三軍的測試。雖然這件事早就已經決定了，但他們還是很直白地告訴她，這一關非常不容易過。

因為就連大哥李弘那樣神勇而睿智的人，也是到了第四次才通過；而太子李賢、李顯和李旦都沒有參加這種測試，因為他們自己不相信能夠通過，所以乾脆沒有去考。

太平的回答非常在他們的意料之中，她想都沒想，就兩個字："我去。"

## 體能與意志

在二十四位主副將帥之中，有一位地位最高、資歷最老的主帥，親自為太平設下了一次極其殘酷的試煉——一場針對體能與意志的雙重考驗。那一天，整個軍營都出來觀看這位太平公主的第一場考試。黑壓壓的校場上，站滿了身披鎧甲的大唐士兵，一眼望不到盡頭。

軍營裡派出了最厲害的一位武士。因為他們要用最強的人來對付太平。表面上，這是對她公主身份的尊重；實際上，是因為太平必須在一個全部都是男人的軍營裡，不僅要做到與他們同等優秀，在各個方面都不遜色，還必須比他們更強、更勇猛。因為她是女人。

太平被這名武士打得渾身是血。臉上、脖子上、手上遍佈傷痕，還斷了一根肋骨。每一次被打倒，她都咬著牙站起來；再被打倒，再站起來。這樣不知道重複了多少次。

直到最後一次，太平用盡全身的力氣站起來，穩住身形，抬起右手用力擦了一下眼角的血，眼睛像一隻受傷的小獅子一樣，狠狠地盯著面前的武士，咬緊牙關，不倒下。

面對這個滿身是傷、卻依然站著的十七歲小公主，那名武士終於下不去手了。他滿眼哀求地看向那位年長的主帥：真的還要繼續打嗎？

那位主帥，看著渾身是傷的十七歲太平，內心既心疼，又驕傲，還充滿了敬佩。但他卻始終保持面無表情，只是抬起手，朝他輕輕擺了擺。那名武士轉過身，鄭重地向太平抱拳行禮，深深一鞠躬，隨後退下。

後來，這名武士，成了太平帳前一名死忠的侍衛。

## 勇氣和擔當

還有一次，太平並不知道自己正在被考試。士兵們故意將一輛運炮用的木車和木樁丟在泥水裡。那天大雨傾盆，人手不足，所有士兵都在合力，試圖將那輛木車從泥濘中拖出來。

太平見狀，正要上前幫忙，一旁的將領卻立刻攔住她，說道："你不能去。你是女人，他們是男人。你是公主，是皇族，你去幫他們，是對你身份的侮辱。"

太平回頭看了他一眼，只說了一句："我就要去。"

說完，她徑直走過去，與那些士兵一起，將那輛沉重的木車，一點一點從泥水中拖了出來。

這場試煉，考的是，當士兵需要幫助時，太平是會伸出援手，還是會袖手旁觀；當身邊的將帥試圖以"身份""規矩"為由阻止她時，她會不會被公主、男女這些身份與規矩束縛，而不是以將士的需要為重。因為太平將來要去的，是殘酷的生死戰場，不是鶯歌豔舞的宮廷。那些規矩，在戰場上屁用沒有。

這次考試，太平又通過了。

## 生死與共，共度難關

又一次，軍將故意將太平編入了一支北上的軍隊，前往極北之地。路途遙遠，天氣嚴寒，北方的夜晚冷得刺骨。行軍之前，刻意沒有準備充足的糧食。

夜裡分食物時，每個人分到的都是等量的口糧。太平並沒有因為公主的身份而多得一分，她和普通士兵拿到的一模一樣。糧食不夠吃，有的士兵沒分到。

那一片荒野之中，冰天雪地，非常冷，根本不可能再找到任何食物。如果士兵不吃，沒有足夠的熱量支撐，他們會被凍死。

太平並不知道這是一場考核。她沒有猶豫，把自己沒有吃完的食物，分給了那些士兵。

軍將在考驗太平，在糧食嚴重短缺、夜晚嚴寒到不進食就會凍死的情況下，太平會不會把自己沒吃完的食物藏起來，留給自己。她沒有。她選擇跟自己所帶的士兵，共度難關。

這一次，她也通過了。

像這樣的試煉，有她知道的，也有她完全不知情的。太平一共經歷了二十四場。

二十四場，太平全部一次通過考試。

## 太平與金龍，東方版的權力的遊戲

中國的民間故事“木蘭從軍”，講的就是太平公主在軍中的真實經歷。記錄著太平公主一生真實歷史的卷軸，現在還存在著。

電影“花木蘭”，影片中，除了“代父從軍”，“金龍被改成了鳳凰”，不是真實歷史之外， 其餘大部分都是對的。在真實的經歷中，金龍始終陪伴在太平身邊。但他從未出手相助，也沒有替她完成任何試煉。因為這些要走的路、這些考驗，都是太平必須獨自經歷的試煉。

金龍能做的，只是在一旁守護——確保太平的安全，而不干預她的選擇與行動。

深層政府，羅馬帝國現今的變身，是知道中國的真實歷史的。而且不是部分知道，是完全知道。他們把真實發生過的歷史拍成電影，在保留核心結構的同時，稍作改動，包裝成一部熱血沸騰、情緒強烈的商業影片。觀眾坐在電影院裡，被劇情牽引，情緒不斷起伏——在這個過程中，產生大量的情緒衍生物。

什麼是 情緒衍生物？情緒衍生物，是任何一種情緒波動所釋放出的能量物質。人的情緒，憤怒、悲傷、快樂、欲望、絕望、執念、仇恨、嫉妒——無論正面還是負面，所有情緒都會生成情緒衍生物。在我們生活的三維現實裡，存在著大量的並非人類的低頻能量體——那些真正控制這個現實結構的存在。他們的食物，就是這種情緒衍生物。

而我們所生活的這個世界，是一個巨大的養殖場。就像豬、羊、牛、雞一樣，被圈養、被餵養，然後產出“產品”。區別只在於，我們的“產品”不是肉，而是情緒所產生的情緒衍生物。

在人類社會的上方，存在著一個龐大的收集系統——一個接收器。所有被大量激發出來的情緒衍生物，都會被集中收集，成為掌控這個世界的靈體所需的食物，而且是各種不同“口味”的食物。

而他們最擅長的方式之一，就是——把真正的歷史拍成電影。一邊賺錢，一邊製造情緒，一邊為他們自己持續生產食物。當所有人聚集在電影院裡，看電影的同時，在能量層面就是一種認同，供給他們食物，來繼續維持他們對整個世界的奴隸式統治。

## 太平十八歲隨軍

通過三軍統帥的考試之後，太平從 18 歲，就開始隨軍出征。大唐一有戰爭或者小規模衝突，太平就會被送到戰場附近的營地。當時所謂的“小規模”，不是幾千幾萬的大軍，而是幾百人，幾千人對陣的那種規模。

太平開始，是實地觀戰，觀察兩邊軍隊如何佈局、戰術如何安排、策略如何變化。很多觀戰都是從側翼和遠端完成的。她所接受的訓練不是衝鋒陷陣，而是在真正的大型戰鬥中，學習如何佈局、如何應對，而不是上前線亂砍。她必須學會戰術與計謀，懂得如何布軍、如何用兵。

當時的軍隊武器非常多樣：有弓箭，有弩，還有那種很長的大弩，類似西方電影裡出現的“超長弩炮”，拉一下就能射出一根巨大的箭矢。還有像石塊一樣的彈丸，以及能將各種物體拋出去的器械，還有被馬拖著走的投石機。

另外包括：弓箭；大長矛；還有一種技術，可以發射“火球”：一團燃燒的球，裡面裹著焦油，一旦擊中敵人，對方就會被點燃，而且火焰幾乎無法熄滅。這些“火球”外面塗著焦油，點燃之後，用機器拋射出去。機器是木頭與金屬組成的：杯槽是金屬；支架是木頭；有木輪；可套上馬拖行。設計得十分穩固，即使馬奔跑也不會翻倒。

在真正派兵衝鋒之前，他們會先使用這些器械轟炸，對敵人進行預先消耗。不會白白送死，所以一定會優先使用器械削弱敵方力量。這就是“戰略優先”的體現。必須先佈置妥當，才會派兵正面交戰。

總結來說：兩軍面對面的廝殺，永遠是“所有其他手段都用盡之後的最後手段”。雙方都會盡可能從側面消耗對方，而不會一開始就對沖。

當時大唐境內的所有戰爭，幾乎都是羅馬帝國在背後支持。羅馬帝國的慣用手段，是先挑起唐境內的局部衝突，再擴大戰事。等到開打的時候，羅馬人就會介入，並帶來他們那個時代更先進的武器——其中最危險的，就是“希臘火”。

“希臘火”非常可怕，核心成分是“鋰”。一旦點燃，就無法熄滅；用水澆會燒得更旺，就像現在汽車鋰電池起火一樣。

羅馬人會把這種東西裝在一個袋子裡：袋子裡放著類似鞭炮那樣的引信，一根長長的導火線，點燃導火線，然後用投石機把袋子拋出去，讓它在空中飛行一段距離。到達敵軍上方時，袋子內部“砰”地一聲，把鋰引燃，形成希臘火的大爆炸。

炸開後，燃燒的鋰向四面飛濺：落在地上可以燒瞎人的眼睛；落在衣服上，整個人會著火；能燒死動物；能燒毀建築；而且完全無法撲滅。

因此，太平從 18 歲開始，就在同時學習兩種體系的戰法：

大唐傳統的戰略體系，以及羅馬帝國帶來的更危險、更先進、更加致命的攻城與武器技術。

# CHAP 7 太平與薛紹

# 太平被關

太平在二十歲左右，到了適婚的年齡。

武則天和李治為她挑選了許多求婚人選，這些人全部出身貴族，智力、武功、膽識皆屬上乘。每一位候選人都必須經過一套極為嚴格的考核，包括武藝、智慧、判斷力、禮儀與學識，層層篩選，層層淘汰。

整個甄選過程，大約持續三到四個月。

最終，被選中的，是在各方面都最符合皇室標準的駙馬人選——薛紹。當時薛紹為了讓自己成為合格的駙馬人選，將家中的正室妻子降為妾。

然而，太平拒絕了這門婚事。她給武則天和李治的理由很簡單——她不需要婚姻。

太平從很小的時候起，就是按照大唐皇室繼承者的標準培養的。從六歲被金龍選擇的那一天開始，到十七歲通過二十四次所有軍隊將領的試煉，並獲得全部大唐軍隊將領支援之後，她肩上的責任和未來早已確定。對她來說，婚姻沒有任何意義。多出一個丈夫，只會礙手礙腳，是一種負擔。

還有，薛紹在朝廷上主張與羅馬帝國展開自上而下、全方位的合作，並支持接納羅馬帝國的金本位制度。這種立場在太平看來是完全不能接受的。太平極度痛恨羅馬人，因為羅馬人殺了她的大哥李弘，還奪走了大唐近一半的江山。太平發誓要奪回大唐失去的疆土，為大哥李弘報仇。

因此，薛紹的政治傾向在太平看來極其危險。如果未來的駙馬在立場和心理上傾向羅馬帝國，那不僅是礙手礙腳，更是一個不穩定的變數，對太平來說極其危險。

還有一個原因是，在太平的心目中，沒有任何一個人能比得上大哥李弘。大哥在太平心裡是無可超越的，沒有人能超越他的溫暖善良、睿智與神勇，也沒有人能超越他對太平的疼愛。在太平看來，其他人根本不配與大哥李弘相提並論。

所以，太平堅決拒絕了這門婚事。

因為太平遲遲不肯答應這門婚事，但薛紹已經被選定，且已是全國皆知的駙馬人選，武則天和李治便決定，太平必須嫁給薛紹。

太平拒絕之後，李治和武則天開始逐步施壓，包括不再允許她上朝、將她的食封減半、削減她身邊隨從的人數等，從各個方面進行邊緣性壓迫。但無論如何，太平始終不肯答應。

就是不肯。

就在婚事雙方相持不下的時候，有一天，太平正在郊場與隨從習武，身邊的侍女忽然跑來稟報，說乳娘被二聖召去訓斥。太平心裡一沉，立刻意識到不妙，當即扯過一匹馬，飛奔向大殿方向。

剛踏入殿中，她便看見乳娘正在受杖責，理由是乳娘管教不當，縱容太平拒絕婚事。太平怒火瞬間爆發，沖上前去，直接擋在乳娘面前，大聲說道，拒絕婚姻是她自己的決定，與乳娘無關。

就在太平擋在乳娘擋杖的瞬間，有幾棍子沒收住，重重落在她身上。太平沒有躲，也沒有退，只是怒視著李治與武則天。

表面上看，是武則天和李治在責罰太平最親近的人——她的乳娘；實際上，是借打乳娘作為施壓的手段，用太平最在乎的人來試探她的底線。

他們太瞭解太平了。如果直接責罰太平，她可以忍——忍疼痛、忍羞辱、忍一切，她都撐得過去，也絕不會低頭。但一旦牽連到她身邊的人，尤其是從小照顧她、把她當作自己女兒一樣養大的乳娘，他們就期待看到太平會動搖。

他們希望太平，因為無辜之人因她拒絕婚姻而受牽連、受苦，在內疚與愧疚中讓步。他們以為太平會跪下求他們放過乳娘，卻完全沒有想到，太平直接沖到乳娘面前，擋在她身前，並且在所有人面前公然頂撞他們。

武則天和李治震怒不已。他們沒有想到，太平竟會不顧身份與禮法，直接闖入殿中，擋在乳娘面前。

在當時的社會環境下，這樣的舉動是完全不該出現的。即便太平是公主，這樣的行為依然被視為對皇權的公然挑戰。

武則天隨即下令，將原本應施加在乳娘身上的全部杖責，一併落在太平身上。

太平就站在大殿中央，不躲避，也不求饒，只是站在那裡，仰頭挺胸，腰背筆直，憤怒地看著李治和武則天，直到所有的杖數打完。

太平望著李治和武則天，說：“如果你們強迫我跟薛紹結婚，他活不到天亮。”

武則天和李治聽到這句話，更加震怒了。因為薛紹出身關隴貴族，若真被太平殺了，必然會引發宗族動盪，甚至引起內戰，直接威脅大唐江山的穩定。

武則天和李治怒不可遏，卻又無可奈何。即便貴為唐朝的皇帝，二聖在這個不肯低頭、鐵骨錚錚的女兒面前，也只能束手無策，毫無辦法。

遂下令把太平關起來，接受教訓。

太平被關進了宮裡的一個空房間，裡面什麼也沒有。沒有床，沒有被褥，也沒有椅子，只有一個便盆。要睡覺的話，只能睡在地上。太平在裡面，被關了整整兩個禮拜。

這期間，武則天和李治分別來過。太平對他們的回答，只有兩個字：不行。

太平被關的當天，金龍就飛走了。而且金龍是現出真身，故意讓整個大唐洛陽的百姓，都親眼看見——

他從皇宮直沖雲霄，飛走了，離開了。

李治和武則天見太平絲毫不肯屈服，他們兩個人也騎虎難下。沒有辦法，只能把懲罰加碼升級，把太平關到另外一間更陰冷、更狹小的房間，平時懲罰宮女、太監用的。裡面很髒，有蟑螂、老鼠、蜈蚣之類的東西。

而且下令，所有人都不可以給太平送吃的，只可以給水，違者斬首。所以太平每天只能靠少量的水度日。

太平被關押的期間，有人從門縫裡偷偷塞進來少量的食物。太平連看都不看，碰都不碰。她不能讓任何人，因為自己忍不了挨餓而送命。

那間專門關人的房間，是平時關宮女和太監用的一個地方。其間陸續也有犯錯的宮女和太監被送進來受罰。他們被打，太平就聽著他們被打時的慘叫聲。就這樣，在寒冷與饑餓中，太平獨自又撐過了兩個星期。

從太平被關的第一天起，金龍就離開了洛陽，飛回了昆侖山。金龍救不了太平，這段考驗是太平必須自己面對的，他沒有辦法替代她，也不能干預。既然他不能保護太平，他寧願離開。

金龍的消失震動了整個大唐。整個大唐上下都陷入了不安和恐懼。所有人都知道金龍是大唐的守護者：金龍在，大唐不亡。

金龍的離開，對李治內心的震撼是相當大的。他一直非常驕傲地相信，金龍是大唐的守護者，金龍現世是為了保護大唐江山的。即使沒有太平公主，金龍也不會離開，也不應該離開，而是應該繼續留下來保護大唐、護衛大唐的子民。

但他沒有想到，太平被關押的第一天，金龍就離開了。

這個結果，就是金龍明確地告訴李治：金龍真正認可的，是太平公主，為大唐皇位的繼承人，而不是他的大唐，或者任何一個皇子。

太平身上具備的帝王應有的勇氣、心胸和氣度，是其他皇子都不具備的。大唐的江山，李治與武則天，還有所有皇子們，大唐所有的人，都不值得金龍留下。

這對李治的信心和驕傲是一記沉重的打擊，像一記清脆的耳光，扇在他的臉上。

就在李治和武則天抓耳撓腮、不知道該如何處理太平的時候，他們前後又去了兩次，太平就是不肯屈服。

整整兩個星期，太平一口東西都沒吃，只喝水。

就在他們兩個騎虎難下，對太平束手無策的時候，邊疆告急了。

那天，上官婉兒拿著奏摺來報，說蜥蜴人和羅馬人開始攻打邊疆。因為他們聽說金龍飛走了，太平又被關起來了，所以想趁機拿下邊疆的一個區域。

李治和武則天聽到這個消息，反倒松了一口氣。他們正好借著這個臺階，把太平放了出來。

太平被放出來的當天，金龍就感知到，飛了回來。

## 太平邊疆平叛

太平被放出來以後，三天之內便集結了自己的府軍，以及部分禁軍，隨將帥一起，直奔邊疆戰場。沿路又整合了部分地方軍、邊疆軍。

太平抵達邊疆後的第二天，兩軍對壘。太平身穿金色盔甲，白色鑲金邊的戰袍。她騎在白馬上，立於陣前，金龍在戰場上空盤旋。將領和軍隊看到金龍，軍心立刻被穩住，士氣隨之高漲。

這邊是唐軍，對面是蜥蜴人、羅馬人，以及當地一些反對大唐、想要奪取那片土地、各自為王的叛亂勢力。對方人數不多，但有很多太平和唐軍從未見過的體型巨大的怪物。他們狗頭人身，身穿類似獸皮的衣物，留著部落的長髮，又高又壯，面目猙獰，極其恐怖。

一名邊疆將領讓太平衝殺時，躲在自己身後。太平沒有說話，直接抽出太平劍，一聲大喝，徑直沖向敵方陣營，正面迎向陣前那些狗頭人身的怪物和蜥蜴人。她身後的唐軍如同潮水一般，緊跟著太平，一起沖向對方的陣營。

太平手中握著那把手掌寬的太平劍，是只屬於她的能量武器，一把以頻率作為殺傷力的武器。她持劍沖在最前方。天上的金龍同時發出一聲極高頻的怒吼，聲音彷彿撕裂空氣，在整個戰場上空震盪迴響。

兩軍正面相撞的瞬間，龍吟壓了下來。那些體型巨大的怪物在聽到金龍的聲音時，動作猛地一滯，像是被無形的力量鎖住，原本兇猛的衝鋒變得遲緩而僵硬。太平的能量寶劍都還沒有觸碰到它們的身體，那些怪物身上的皮膚，就已經開始慢慢融化。

那一仗當然是勝了，幾乎是一場壓倒性的勝利。

戰爭結束後，太平跟隨隋軍將領一同審視戰場。看著那些曾與自己並肩出征、如同兄弟一般的勇士，有的已經死去，有的身受重傷。太平心中悲傷難過至極。戰場之上，這些勇士護她周全，而她卻未能保全他們的性命。

一定還有別的辦法。不一定非要變成這樣，太平對自己說，我太平一定要找到別的方式代替戰爭，不必有那麼多殺戮，也不必付出那麼多犧牲。

整個邊疆平叛過程非常迅速，大概用了不到十天的時間。之後就是收尾。因為太平贏了那場戰爭，部落的首領選擇站在大唐這一邊。歃血盟誓之後，太平留下部分大唐軍隊，說明百姓重建家園。

當太平率軍返回洛陽時，邊疆的百姓紛紛出來相送。但太平看著他們，並不覺得自己是英雄。她看到被毀壞的家園，看到百姓因戰爭失去的親人，也想到戰場上戰死和受傷的兄弟。

這些畫面疊在一起，她感覺到，肩上的重量越來越重。那是邊疆百姓失去家園和親人的重量，也是與她一同赴戰、卻倒在戰場上的勇士的重量。那是保家衛國的重量。

金龍的選擇，以及大唐眾將帥二十四次試煉的認可，把守護大唐的重量，完整地放在了她的肩上。此後的一生，她不只是要收復大唐失去的疆土，為大哥李弘報仇，更要承擔起保護大唐百姓的責任。沒有人能像她和金龍一樣，為大唐的土地與百姓提供高維度的保護。

太平並沒有被這份重量壓垮，也沒有感到負擔。相反，這份重量在她心中點燃了誓死護衛大唐與大唐百姓的決心，為這片土地而戰，直到最後一口氣，直到生命的盡頭。

後來，太平和金龍收復大唐失去疆土的方法，並不是每到一地就立刻動用武力。

太平和金龍每到一個地方，她都會提前做好充分準備，對當地的風土人情、文化傳統、社會結構、執政情況，以及部族首領的性格與行事方式，都有深入瞭解。她先幫助邊疆百姓重建家園，同時提供軍事保護，由大唐的職業軍隊駐守當地，保護百姓、守護邊疆，取代延續已久的府兵制。

這些邊疆地區持續從太平那裡獲得幫助、支持與保護，原有的社會結構得以穩固，地區也因此逐漸安定、繁榮。

這與羅馬帝國的做法完全不同。羅馬帝國每到一地，採取的都是毀滅性的征服方式，通過燒殺、搶掠和強迫百姓為奴，以恐懼統治土地和人民。

戰爭本身是高度毀滅性的行為，極其殘酷，沒有人願意打仗。這些邊疆百姓世世代代生活在那片土地上，有自己的文化、傳統與習俗，一場戰爭，哪怕規模不大，對當地而言都是災難。

正因如此，這些部族首領逐漸認同太平的治理方式，願意主動歸順大唐。

因此，太平收復大唐疆土的過程，大多並非依靠強行征服，而是通過長期的相互尊重、合作、互助與互利，最終在雙方自願的情況下歃血為盟，歸順大唐。

## 薛紹被處死

太平被放出來以後，武則天與李治已經不知道還能用什麼方法讓她妥協。無奈之下，只得換一種方式。

他們把薛紹招入宮中，親自教他如何接觸太平，並不斷安排兩人“偶遇”：在殿前議事、在花園散步、在宮苑中相遇……上演了一場宮廷版的“烈女怕纏郎”。

所以，雖然貴為大唐的公主殿下，也還是要被催婚的，也躲不過子嗣傳承的壓力。

薛紹本人聰明沉穩，看得懂局勢，懂得分寸。他很清楚自己是全國矚目的駙馬人選，這是他一生中唯一能進入大唐權力核心、登上皇位的機會，因此他對這次機會格外珍惜。他很小心地不給太平任何壓力，不觸碰太平的底線，總是說適當的話，在適當的時候出現。

起初，太平對薛紹始終視而不見，彷彿當他不存在。薛紹與她說話時，太平大多數時候都不回應。

兩個多月以後，太平知道自己無論如何也避不開這門婚事，便把薛紹召入太平府。

當時，太平坐在屋內的椅子上，桌上擺著太平劍，金龍閉著眼睛打盹睡覺。薛紹站在門口，畢恭畢敬地垂首而立。

太平說道：“這樁婚姻我躲不過。我可以答應這門婚事，但是——婚後你不能靠近我；對外不能以我的名義做任何事情，包括朝堂、軍隊和府中事務。我住我的太平府，你住你的駙馬府，兩不相干，而且要瞞著二聖。

“如果違反以上任何一條，我就殺了你。你若同意，我便答應這門婚事。”

瞞著李治和武則天，對薛紹來說，是個非常危險的遊戲。但他只有這一個機會——一個有可能成為大唐皇帝的機會，以及隨之而來的滔天權力與無盡財富。經歷了漫長的佈局，一路過關斬將，完成了所有試煉，又經過這麼長時間的軟磨硬泡，在他看來，自己距離皇位只差一步——只要太平同意與他成婚，他就有可能成為大唐的皇帝；再加上至高無上的金龍的加持與協助，前途一片光明。

所以，太平提出的所有條件，他全部答應，照單全收。

隨後，大唐舉辦了那場為了讓太平的婚車順利通過，而拆去部分城牆的盛大婚禮。

婚後，薛紹每隔一段時間便到太平府小住。夜裡，他老老實實地縮在太平房間的一個角落裡，不敢越雷池半步。太平劍不離身，金龍眼睛瞪得溜圓。

太平床邊放著避孕藥籽，侍女每日清點，從未少過半顆。

大約過了一個月左右，不到兩個月，武則天安插在太平身邊的婢女，將“避孕藥從未少過”的情況彙報給了武則天。這時，武則天與李治才明白，他們被薛紹和太平騙了——這兩個人根本沒有同房，自然也不會有子嗣。

兩人因此震怒，極其憤怒，但婚事已成，無法改變，也沒有挽回的餘地，只能接受這個結果。

薛紹這個人非常有野心，極其渴望權力。政治立場與武則天、李治完全不同，他更傾向於與羅馬帝國合作，願意接受羅馬帝國提出的金本位制度和各種條件。他極其希望借助羅馬的力量，成為皇帝，接管整個大唐，獲得比當皇帝更大的權力和財富。他原本想借助與太平結婚，將來有一天能當上皇帝。

可是，他既無法靠近，也無法控制太平。太平意志如鋼，不受任何人擺佈，而她身邊還有一條無人能夠戰勝的金龍。他既不能操縱太平，也得不到金龍的力量。要想當皇帝，只能發動政變，進軍洛陽，殺掉李治和武則天，才能順理成章地登上皇位。

因此，他與羅馬人密謀，進軍洛陽——先破掉宮中的禁軍，再殺李治和武則天，奪取皇位。

其中最重要的計畫，並不是殺了太平，而是要用當時類似海洛因的毒品，讓太平染上毒癮，變成一個失去自主意志的傀儡。只要讓太平沉溺在毒品之中，永遠無法清醒，就能間接控制金龍，羅馬帝國與薛紹便能有效利用金龍的力量。

當時，金龍並不知道這些事，因為它的意識只專注在太平身上，只感應並關注太平的情緒。

一天，太平安插在薛紹身邊的一名眼線深夜逃出薛府，將薛紹的計畫告知太平。太平得知薛紹竟與羅馬人勾結，還計畫殺害自己的父母，並用毒品囚禁她本人時，憤怒至極。太平情緒一動，金龍立刻有所感應。

當晚，太平與那名眼線，還有金龍一起入宮，進見李治和武則天，把所有細節全盤告知。當李治聽說，他的侄子薛紹準備帶兵入皇宮，殺他和武則天，還有所有皇子，並且還打算用毒品控制太平時，心裡非常難過。他起身離開了，只留下武則天。

殿內只剩下武則天、太平、金龍，還有內廷眼線。武則天擺了擺手，讓那名眼線退下。隨後，太平、武則天和金龍開始商量該如何處理這件事。金龍說的話，只有太平能聽得到。

金龍說：用騙的，先把他騙到你身邊，擒賊先擒王。

太平對金龍說：他不是個笨蛋，不見得能被騙進來，他是很聰明的人。

金龍說：那你就說，要跟他生孩子。

太平愣了一下，說：“什麼？生孩子？沒有別的辦法嗎？”

金龍說：“有，就是死的人多一點。”

太平白了金龍一眼，然後把剛才和金龍的對話告訴了武則天。

武則天看著太平尷尬的表情，差點笑出聲來，然後說：“好，那就這樣，准了。”

隨後，太平非常不情願地提筆給薛紹寫了一封信，信中用了一個“妾”字。大意是說，他們沒有同房的事情已經被二聖知道了，而子嗣的事情終究躲不過，不如他來一趟，一起商量子嗣的事。

當時，薛紹接到太平快馬遞來的信後，打開一看，信中居然有個“妾”字，太平竟然自稱為“妾”。要知道，太平從來沒有正眼瞧過他。他心裡高興得不得了，認為太平終於承認了自己駙馬的身份，信裡居然還提到要商量子嗣的事情，這是要和我薛紹生孩子了嗎？

他心中興奮不已，覺得自己太了不起了。這麼多年的佈局和努力，終於把倔強的太平拿下了。在他看來，拿下太平，就等於是百分之百坐上了皇位，再加上金龍的加持，前途光明一大片。

當下，他立刻更衣備馬，只帶了幾名隨身侍衛和一支小隊，策馬飛奔太平府。

薛紹一踏入太平府，便立即遭到太平和武則天親自調度的軍隊伏擊。他的隨從和護衛當場全部被誅殺，只留下薛紹一人，被押到太平和武則天面前。

太平當著他的面，揭穿了他所有謀反的計畫，包括他如何與羅馬帝國勾結，如何準備用毒品控制她，以及如何謀殺武則天和李治。

薛紹當時沒有反駁，只是懊悔自己為何如此愚蠢，竟然相信太平終於改變了心意，看上他了。

之後，武則天給了他三個死法的選擇：毒酒、斬首、絞刑。

但不允許薛紹選擇任何“體面的死法”，例如像武士那樣剖腹自殺，因為那屬於“帶著榮譽的死”。他已經背叛了太平，不配擁有體面。

他的選擇，也會顯現他的本性。最終，他選擇了毒酒。

第二天清晨，行刑儀式開始。

薛紹被剝去鎧甲，卸下所有佩飾，赤著腳，只穿一件身份低微的素袍，被帶到案桌前。他跪坐在地上，雙腿折在身下。面前是一隻竹制小杯，杯中只有一小口毒酒。

薛紹不是孬種，也不是懦夫。面對死亡時，他沒有恐懼，只有對自己愚蠢的憤怒。他為自己的傲慢與輕敵感到羞愧，也為自己的死不值。他可以將李治玩弄於股掌之上，卻低估了太平，也低估了武則天。他離渴望的皇位只差一步，只差這一步。

自己的死亡已是必然。他端起那杯毒酒，一口喝下。很快，他口吐白沫，砒霜中毒，倒地身亡。

行刑現場只有武則天與太平，沒有李治。

李治沒有來。薛紹是他姐姐的兒子，是那整個家族裡最優秀、最出色的一位。李治非常為這個外甥驕傲，也非常高興薛紹能夠從眾多貴族中脫穎而出，被選作太平的駙馬。

當李治得知，自己疼愛的外甥竟然聯合羅馬帝國，密謀起兵叛亂，準備弒君奪取皇位時，他的心幾乎被撕裂。他愛自己的家人，愛自己的姐姐，也愛自己的外甥，但這個外甥卻願意為了權力和財富，殺掉他、殺掉武則天、殺掉所有皇子，囚禁太平。

這對李治的打擊極為沉重，所以，他沒有出現在行刑現場。

當薛紹喝下毒酒的那一刻，李治正坐在宮苑中一個小池塘旁。那是他最喜歡的地方。他坐在木椿上，靜靜望著水面，聽著不遠處的鳥鳴。

他心裡想著：如果我不是皇帝，如果我沒有這些權力，如果我只是個普通人，是不是就不必親眼看著至親因為權力而被毀掉？

## 薛族被滅門

薛紹被秘密處死之後，太平和武則天立刻下令封鎖消息。整個皇城的宮門全部關閉，任何人不得進出；太平府也同時封鎖，所有人員禁止外出。因為這次平亂需要絕對的時間差和嚴格保密，一旦有人逃出去報信，局勢就會徹底失控。表面上，宮中和太平府仍維持一切如常，讓外界毫無察覺。

太平平叛時，有一套完整而縝密的計畫。核心將領都已經佈置到位，接應點、換馬點、封鎖線都事先安排妥當，只等太平一聲令下，便可同時啟動。名單上哪些人必須立刻清除、哪些勢力一定要先行控制，全都已經規劃清楚。

隨後，太平親自帶隊出動。她只帶了三四十名看起來像普通百姓的小隊成員，馬不停蹄趕往薛紹家族所在的區域。一路沒有休息，連續換馬四次，才抵達目的地。

當時，薛紹的家族完全不知道他已經被處死，也不知道他們與羅馬帝國勾結、企圖發動政變的計畫已被暴露，對即將發生的事情毫無準備。

太平的大部隊其實早已分散埋伏在附近鄉間，只等待太平抵達，便同時展開行動。主要目標是薛紹家族的核心族人，而這些人很多並不住在薛紹的駙馬府邸，而是分散在周邊鄉鎮、私宅和莊園之中。因此，太平將兵力分成多路：一支小隊隨她直入薛家宅邸，其餘小隊按名單分赴各處，逐一清理目標。名單上登記的族人，一個不留。

薛紹家族的滅門行動幾乎同時展開，沒有任何一人逃脫。整個行動，從處死薛紹到剷除他的全族，只花了不到兩天時間，大約四十八小時；之所以需要這麼久，還是因為太平一路都在不停地換馬，以確保行動迅速而不被察覺。

沿路換馬的安排極其謹慎，所有人的穿著都儘量避免軍裝樣式，看起來更像一群普通商旅，以免引起外界注意。太平此次出動，沒有調動大軍，也沒有驚動朝中其他勢力，只使用太平府最忠誠、最可靠的部下。這樣的好處，是不會引發大規模動盪，能夠悄然平叛；對百姓來說，只是大唐下旨，“地方換了負責的人”，根本不知道發生過血腥的軍事行動。

當時，這些鄉鎮原本由薛紹家族作為地方貴族掌控，他們負責治安、生產、賦稅和基層官吏的管理。一旦將其全部處決，基層權力便會瞬間出現真空。如果沒有馬上接手的人選，當地百姓必然陷入混亂，可能出現爭奪、搶掠、暴力衝突等一系列問題。

太平在帶兵除掉薛紹這一整支地方叛亂家族的同時，又迅速接管地方政務並展開重建，使百姓的生活不至於受到影響，讓地方秩序保持穩定。

太平的整個平叛過程速度極快，紀律嚴謹，沒有出現任何大規模混亂，只是悄無聲息地清除了一個叛亂家族，讓當地局勢重新回歸穩定。

# 我今生的父親

## 前世

那個曾經在武則天和李治面前，對太平動刑杖責的官吏，就是我這一世的父親。

當時他親眼看到太平不顧禮法闖進大殿，擋在乳母前面，還頂撞二聖，完全不顧禮法，實在太大膽了。

在他眼裡，怎麼可以反抗皇權，怎麼可以頂撞父母，就算是公主也不能例外。所以他對太平非常憤怒，帶著蔑視，甚至有些憎恨。雖然你是公主，但你也是女人，而女人在他眼裡就是比男人低一等。

所以，當武則天下令，把原本應該打在乳母身上的杖數全部轉移到太平身上時，他沒有絲毫猶豫，而是用盡全力，把所有力量都集中在雙臂上，一下一下狠狠地抽打在太平身上。

但他在打太平的時候，心裡又充滿恐懼。因為整個朝廷所有皇子皇女之中，太平是唯一一個可以佩劍、自由出入宮廷的人。她身上始終帶著那把李治賜給她的紫金寶劍，從不離身。所以他一邊抽打太平，一邊死死盯著太平的手，生怕這個武藝高強、不講禮法的公主突然翻臉，拔劍當場把他殺了。

他自己知道，在皇權面前他不過是個下人。如果被太平殺了，他也是白死。因為恐懼，他下手更狠、更重，直到所有的杖數都打完。發現自己還活著，才重重地松了一口氣。

太平當然不會拔劍殺了他，不是不能殺，而是不屑。太平從不做這種以強淩弱、令人不齒的事情。

那一天，太平站在殿中央，仰著頭，背脊筆直，一聲不吭。

待杖責結束，太平看著武則天與李治，憤怒地說：

“如果你們強迫我跟薛紹結婚，他，活不到天亮。”

李治與武則天怒不可遏，卻又束手無策。面對這個剛強、倔強的女兒，他們也只能先將太平關起來。

## 今生

我這一世的父親，也曾這樣打過我一次。那一年，我十二歲。這一世的我，同樣剛強而倔強。

我父親在市政府工作，是名轉業軍人，做事非常有條理、有策略、有計劃的人，內心驕傲。他這一生最大的遺憾，就是沒有一個兒子。因為那個時候實行獨生子女政策，母親生了我之後，就沒有再生孩子。

父親很愛我這個女兒，但他內心對我的存在，是非常複雜和矛盾的。

他從不隱藏自己男尊女卑的觀念。在他的世界裡，男人就是比女人高貴。可是在那個只能生一個孩子的時代，唯一的孩子卻是個女兒。在他心裡，就好像是我這個女兒占了本該屬於他兒子的名額。偏偏這個女兒又擁有他最認可的、最應該屬於男性的特質——性格堅強、倔強、勇敢。

所以他始終無法真正接受這個事實——唯一的孩子，本該是兒子，卻成了女兒。每次看到我，都像是在看一個小偷，好像是我偷走了他本該屬於他的兒子。

所以他的內心，對我一直充滿了憤怒、憎恨、不屑、瞧不起和不甘心。這麼多年，始終無法釋懷。

我父親很驕傲自己擁有一條棕色的純牛皮軍用皮帶。那條皮帶大概兩寸寬，非常厚實，也很沉。在那個年代，在軍中有軍銜的人才有資格配發。所以那條皮帶對他來說，是權力和地位的象徵。

那一次，他把我母親關在門外——也就是我前世的乳母。然後，他把我叫到面前。面色凝重，神情肅殺。他讓我站在他面前。接著，他慢慢地把系在身上的那條軍用皮帶抽了出來，同時刻意營造一種極其恐怖的氣氛，要讓我在真正挨打之前，先心生恐懼。隨後，他命我跪下，露出背部，狠狠地抽了下來，一下，又一下。

母親被關在門外，大聲喊：“Lin，你跟他道歉啊！你跟他求饒啊！你求他停手啊！”

我抬起頭，眼睛憤怒地盯著父親，耳朵裡聽著母親在門外的呼喊。眼裡、身體裡，全都是怒火——那種幾乎要衝破天靈蓋的怒火。

十二歲的我，面對一個四十歲、身體強壯的山東大漢，心中的憤怒幾乎無法壓抑。但我打不過他。於是，我就那樣抬著頭，狠狠地盯著他，一聲不吭，沒有眼淚，也不求饒。只憤怒地、死死地盯著他。

他看著我兇狠的眼神，更加憤怒了。你才十二歲，還是個女孩。你不是應該哭嗎？你不是應該求饒嗎？你不是應該求我停手嗎？你不是應該跟我道歉嗎？你不是應該心生恐懼嗎？你不是應該嚇得發抖嗎？

但是，沒有。我就站在那裡，一聲不吭，沒有眼淚，也不求饒，任他打。

他更生氣了。皮帶像狂風暴雨一樣抽下來，一下又一下，用盡全力地抽在我身上，一定要把我打服。

我也不知道過了多久。想想看，一個身強力壯的大漢，不停地揮著皮帶，能抽多久？大概也就那麼久。

直到他自己打累了，抽不動了，停下來，一屁股坐在椅子上。眼淚，大顆、大顆地掉了下來。

終於停了？我抬起頭，看著他臉上的眼淚，心裡湧過一絲憐憫，有點可憐他。

心想：是你打我，你哭什麼？

一千三百年了，你仍然活在皇權的禁錮裡，活在男女尊卑的禁錮裡，活在“男人就應該比女人更堅韌、更剛強、更勇敢、更不畏強權”的固定思維模式裡。你什麼時候，才能從自己設下的牢籠裡走出來？

我伸出一隻手，擦掉他臉上一側的眼淚。他哭得更凶了。

我站起身，回到自己的房間，一頭栽在床上。之後的一個星期，我都無法躺著睡覺。其間，母親來看我背上的傷——兩寸寬的青紫痕跡，一道一道，好多地方滲著血，幾乎佈滿了整個後背。心疼難過得直掉眼淚。

在之後的一個月，我從未正眼看過他。除了內心極度的憤怒之外，我心裡對他還有非常非常強烈的鄙視與不齒，非常非常瞧不起他。不是說好的“大男人”不該恃強淩弱嗎？如果我和你一樣強壯，你還敢打我嗎？

在我眼裡，他的靈魂渺小到像一隻螞蟻，可以忽略不計。他不配我看見他。

所以，每一次在房間或走廊與他迎面走過，我都仰著頭，腰背挺直，當作看不見他，當作他不存在，當作他是空氣，一句話也不說。

父親打了我之後，躲在沒人看到的地方，哭了好幾次。他試圖用暴力征服女兒，可結果完全出乎他的意料，完全不符合他覺得應該發生的“劇本”。

這件事，對他內心造成的震撼，完全超出了他所有的認知。他感受到恥辱，如同洶湧的海水，一層一層，把他淹沒。無法遏制的悔恨，如同陰影一般，在他心裡徹底蔓延。

他從未想到，一個十二歲的女孩，在近乎殘暴的毆打之下，竟然可以一聲不吭，沒有眼淚，也不求饒。不是只有男人，才能忍受、熬過這樣殘酷的毆打嗎？他為女兒的倔強、剛強感到驕傲的同時，也怨恨命運的不公——為什麼這個本該是男兒的孩子，偏偏是個女兒身？

此後每一次與我迎面走過，他的心裡都像被一把“恥辱之劍”紮進心臟。可事情已經發生，他已經打了我，他知道自己做得太過了，但是無法收回，也無法改變。

就這樣過了一個月。一天，我與他迎面走過，不經意地抬眼看了他一眼。他的眼中滿是祈求與悔恨，我終於心軟了。

那天晚上，我走進廚房，自己盛了一碗飯，徑直走到飯桌前坐下。馬上就感覺到父親如釋重負，母親也終於深深地松了一口氣。我依舊一聲不吭，目不斜視，只管吃飯。

那是我被打之後，全家一家三口第一次坐在一起吃飯。

所以，那些自恃身強力壯、暴力毆打比你弱小的女人與兒童的人，會不會感到羞恥？一種恃強淩弱的羞恥？

這件事情的結果是——父親本以為暴力手段能徹底征服十二歲的我，卻被我在精神層面完全摧毀。我摧毀的，不只是他的精神，而是他思想中所代表的那套關於男女、權力與服從的狹隘思想模式與社會結構的狹隘認知。

從那以後，父親沒有再碰過我一根手指頭，而且極度憎恨、厭惡毆打小孩的人。

但這並不妨礙他繼續厭惡、憎恨這個他無法馴服的女兒。同時，他又迫于自身的良知，不得不去愛這個搶了他兒子名額的女兒。所以他的一生，都是在這種極度矛盾、冰與火的煎熬中度過的，有點可憐。

我把這段經歷寫下來，是告訴大家，我打破了迴圈。在現實層面，我打破了這個迴圈；在能量層面，我也同時打破了它。我們都是來自源頭的能量體。我們是可以打破這種暴力迴圈的。

只要敢站起來，只要足夠勇敢。

## 有條件的愛和無條件的愛

有條件的愛，是帶著期望和附加條件的。

講白話一點就是：你一定要做到怎樣怎樣，你的行為要符合某一種固定的模式，才配得上我給你的愛。這種愛是有期望值的，是有附加條件綁定的。

那無條件的愛是什麼？

我的理解是，愛，不應概有期望、有附加條件、要求回報，要改變對方。

在當今世界裡，這種無條件的愛已經非常非常少見了。有時候可以在母親身上看到，但也不是所有的母親。

我們現在所稱為“愛”的，大多數都是等價交換。父母期望兒女應該怎樣，兒女期望父母應該做到什麼。夫妻也是這樣，比如你要買車、買房、給彩禮，才證明你值得我對你的愛。這些全部都是有條件的愛。

所以在這個社會裡，無條件的愛已經極少見了，真的非常非常的少。

我們是不是已經忘記了，應該怎樣去愛？我們都是從源頭來的，這種無條件的愛，是我們與生俱來的能力。

現實社會的我們，是忘記了自己擁有這種能力？還是從出生開始，就被父母、學校、周圍的環境、電視、新聞、網路，有意識地一點一點被程式設計、被消磨掉了？

我這一生的父親，給我的，是有條件的愛。而上一世，太子李弘給太平的，是完全無條件的愛。他們的態度，也決定了這一世我對父親的態度，以及上一世太平對太子李弘，從強烈的依賴與思念，轉化成後來極度的憤怒和悲傷。

就好像一面鏡子一樣，你付出的、你表現出來的，總是會被百分之百地折射回去。

上一世，我太平，為那份曾經擁有的愛，落子無悔，報仇雪恨，死戰到底。

這一世，我選擇留在地球的另一邊，一別兩寬。

# CHAP 8 李治故去後的七年

## 李治故去後的七年

唐高宗李治是在薛紹被處死後，大概半年後過世的，享年七十歲左右。

太子李弘被謀殺約一個月後，李賢被正式立為太子，成為皇位的下一任繼承人。

按照正常的傳承順序，唐高宗李治去世後，應由太子李賢繼位登基。

就在李賢準備登基前一個星期，羅馬帝國對他下毒。毒性複雜難解，御醫一時無法辨明究竟給他下的是什麼毒。李賢當時已經命懸一線，宮中普遍認為他一定會死，所以上上下下已經開始為他準備後事。

國不可一日無君，武則天便與皇室迅速立皇子李顯為帝。後來，李顯確實想把大唐送給韋後的父親，於是武則天將李顯換掉，改立李旦登基。李顯在位時間大約不到三個月。

之後，宮中一位醫術極高的御醫，意外發現一種開著黃花的草藥，也就是今天常見、常飲的菊花茶。這種草藥正好對李賢所中之毒有效，李賢最終活了下來。但等他真正完全康復時，李旦已經稱帝，局勢已定，再也沒有回轉的餘地了。

那時候，武則天的想法是，在她還活著的時候，讓幾個兒子輪流做一次皇帝，一邊執政，一邊接受考驗和教導。她可以趁自己還在的時候，帶著他們一起執政。這樣一來，就算她突然離世，也至少有一個人能扛得住局勢，穩得住國家。

否則，一旦她去世，卻沒有人能夠承載國家的人力，立刻接手政權，羅馬人就一定會趁虛而入，吞併大唐。

事實上，武則天內心最希望將皇位交給太平，並由金龍輔佐。太平具備作為帝王所需的心胸與勇氣，擁有成為明君的一切條件，又與金龍締結契約，護衛大唐。若由太平繼位，大唐將在相當長的一段時間內得到上天的庇護，同時擁有一位真正合格的君王。

但受制于當時的禮法制度，按照嫡長繼承的順序，前面的幾位元兄長必須依次登基、再被廢黜之後，才能順理成章地輪到太平。因此，李顯和李旦先後登基為帝后，在制度上，太平才能成為大唐合理的繼承人。

在這一時期，武則天與太平開始著手佈局，逐步收復當年羅馬人在謀殺李弘之後所奪走的疆土。

那段時間，也是太平一生中遭遇刺殺最為頻繁的階段。

刺殺來自多個方向，有李賢的陣營，有李顯和韋後，也有羅馬勢力，還有來自朝廷內部以及各個覬覦皇權、想成為皇帝的家族勢力。

那些想當皇帝的人知道，如果他們想要登上皇位，就必須除掉太平和金龍。

太平本身的能力和條件，足以成為下一任皇帝。她同時還擁有朝堂和軍隊的支持，加上金龍的扶佐。所以，只要他們想當皇帝，就一定要先除掉太平和金龍。

在這段時間裡，金龍無數次救下太平。儘管如此，太平還是受了好幾次傷。

有一次，金龍正在睡覺，一名刺客從門外放箭，那支箭直直地射向金龍的左眼。

就在離弦的那一刻，太平聽到了動靜，立刻飛撲到金龍的頭前。

那支箭筆直地射進了她的左肩胛骨。那一次她傷得很重，御醫花了很長時間，才把箭頭從她的肩胛骨裡取出來。

## 太子李賢的死因

李治與武則天十分喜愛這個兒子。李賢天資聰穎，過目不忘，文采與武藝皆出眾，在皇族子弟中極為耀眼。

李賢是李治和武則天的第一個孩子，按照當時的律法和血統順序，他是皇位的第一順位繼承人。再加上太子李弘是過繼來的，所以從小開始，周圍的人，以及那些希望借著他飛黃騰達的人，就不斷給他灌輸一種觀念：你遲早會當皇帝，你一定會是皇帝。在這樣的環境和周圍人的長期影響下，他的性格逐漸變得非常傲慢而偏執，認為整個天下，只有他才有資格坐上皇位。

李賢痊癒後，武則天曾親口對他說過一段話——

你聰明，也有才華，但治理國家需要更寬廣的胸襟，需要知人善任，需要能夠放下一己之私，以國家與百姓為重。你太過傲慢，又過於善妒，還不具備成為大唐一國之君的資格。

李賢在意識到自己徹底無緣皇位之後，下令發動了至少三次針對太平的刺殺行動。

第一次刺殺。

他派出數名死士，夜闖太平府，已經沖到太平寢殿外的那道門，卻被訓練有素的太平府府軍當場格殺。

第二次刺殺時，李賢派人在太平喝的茶裡下毒。金龍聞到茶中有異味，立刻把茶杯打碎，救下了太平。隨後，金龍又告訴太平，這一次刺殺是誰派來的。

太平站在屋子中間，看著地上被打碎的茶碗，一聲不吭，心裡既悲涼又難過。

第三次刺殺。

還有一次是在校場。太平率領自己的府兵，與禁兵一同訓練。李賢再次派出刺客，想製造一次誤殺的假像，用弓箭射殺太平。當時太平正好低頭，那支箭擦著她的頭皮飛了過去，這次刺殺也因此失敗了。

至少三次刺殺，全部失敗。

李賢陣營裡有相當一部分人的立場非常極端。他們認為，如果李賢將來想要登基，就必須同時除掉太平和上官婉兒。她們一文一武，配合極佳，是武則天最重要的左膀右臂。只要殺了她們兩個，就等於斷了武則天的左右臂膀，再除掉李旦，李賢就可以順理成章地登基。在他們眼裡，李旦根本就不是威脅。

所以，太平公主和上官婉兒，成了李賢陣營，以及想扶李賢登基的人眼中最大的障礙。

因此，在相當長的一段時間裡，太平跟婉兒都不得不持續提防來自李賢陣營的暗殺威脅。

但太平從未報復過二哥李賢，只是選擇不再與他相見。

章懷太子李賢，並非死於武則天之手。

當時朝中有一位隋唐時期的老將，曾追隨李世民南征北戰，出身關隴軍事世家，戰功顯赫，德高望重。此人年事已高，在軍中威望極重，門生舊部遍佈各處，是一名極其重要的將領。

李賢的個性有些過於無知和傲慢。他曾多次當著那位老將，以及其眾多下屬的面羞辱他。這些將領都是鐵骨錚錚、馳騁沙場、以性命護衛大唐的軍人。對他們來說，大唐勇士的聲譽，比性命更重要。你可以殺了他，但不能羞辱他，所謂士可殺不可辱。但李賢不懂。

這種事情並非只發生過一次，而是好幾次。原因其實很簡單，他覺得自己是皇子，是太子，將來一定會成為皇帝。在他眼裡，天下都是他的，整個大唐都是他的，隨便辱罵一個將軍，和辱罵自己的下人沒有什麼差別。

後來，李賢在一次進山打獵時，被那位老將軍的部下一箭穿胸，當場身亡。

這件事並不是那位老將軍下的命令，而是那名部下在看到自己敬重的長輩、將帥屢次被太子無端羞辱之後，心中積壓的憤怒在混亂中爆發，瞅準時機自行出手造成的結果。

此事上報朝廷時，對李旦和武則天的正式呈報說法為“誤殺”。

李賢去世時，年約三十六七歲。那一年，正好是李旦即將讓位、武則天正式稱帝的前一年。

後世史書中盛傳“武則天為奪皇位而殺章懷太子李賢”的說法，完全屬於臆測與捏造。

武則天，從未親手殺害過任何一個自己的孩子。

# CHAP 9 李賢

## Katy, Neil and Me

我來到美國不久，就在一間華人教會裡認識了 Katy 和她的弟弟 Neil。那時，Katy 已經在一家大公司工作，Neil 還在念書。教會裡的人很多，不知為什麼，整個教會，我只和他們姐弟投緣。常常在聚會後到我家坐坐、閒聊、吃飯。那個時候我不會做飯，最多只能煮水餃、泡泡面。Katy 和 Neil 每次來，總會帶一顆大西瓜。我們邊吃西瓜邊聊天，無憂無慮，開開心心的，時間就在這樣簡單輕鬆的相處裡流過。

有天我正在看電視，接到 Katy 的電話。她開口就說：“你配不上我們家的 Neil。你以後離他遠一點。”

我愣了一下，說：“我們只是朋友，沒有別的。”

Katy 重複了一遍：“你配不上他，你離他遠一點。”

我當時沒有再說什麼，就把電話掛了。

心裡憤怒又難過：你不是我的朋友嗎？我真的不配嗎？我真的配不上 Neil 嗎？在你眼裡，我居然這麼差嗎？既然我在你眼裡這麼不堪，那我們就此別過。內心驕傲、一身反骨的小獅子，寧願全部不要，也不肯被任何人看不起。

從那以後，我與他們就此斷了聯繫，不再聯絡。

真實的原因，並不是 Lin 配不配。Katy 知道自己的弟弟非常喜歡 Lin，但她不想讓 Lin 分享，甚至搶走 Neil 對自己的愛與關注，也不想與 Neil 分享這個好朋友。她非常霸道，也很幼稚地想要獨佔雙方全部的愛與關注，所以你們兩個不能相愛。

講再深一點，我的存在，對 Katy 來說是個威脅。這種威脅意味著，她可能會失去自己愛的人，或是愛她的人，甚至失去當時所擁有的一切。這種被威脅的感覺，實際上是前世感受的延續。她所不知道的是，我與 Neil 之間在能量層面的聯結與羈絆，永遠不會斷裂，也永遠不會改變和消失。

之後，大概過了三年，我和同事約在“五餅二魚”吃飯。那是一家當時非常火爆的北方餐館。二十多年前的灣區，這樣好吃的北方菜並不多。

我一走進去，就看到前方站著一個高高的身影，是華羅，旁邊是 Katy 和 Neil。Neil 身邊的位置空著，沒有人。

我站在那裡，看著這三個人的背影，大概過了五秒鐘，歎了一口氣。然後對同事說：“不好意思，我得回家喂狗。”

說完，頭也不回地就走了。

之後又過了十年。一天早上，我送兒子去附近的小學，把他送到校門口後，在回家的路上，正面遇見迎面走來的 Katy。十年後，我們再次相遇。

那天，Katy 狠狠罵了我一頓：“你為什麼消失了？我找了你很久，在 Facebook 上找，到處找，就是找不到你！”

我笑了笑說：“我不用 Facebook，你當然找不到我。”心裡翻了個白眼給她——你當然知道我為什麼消失。

原來，我們兩個人的兒子都叫 Nate，住在同一條街上，開車只需五分鐘。

之後的八九年時間裡，兩個 Nate 成了好朋友，一起長大，直到快高中畢業。這期間，我和 Katy 不斷“巧遇”。幾乎不用約，我們想見面根本不需要特別安排。

在 Costco 會遇到，在 Ranch 99 的停車場會遇到，在 Sprouts 會遇到；開車路上經常遇見，車停在十字路口時，也會看到對面的小紅車。隔三五天、一個星期、兩個星期，總會碰上一次，不用約。這種不斷重疊的軌跡，近乎奇妙。

一直到現在，我們依舊在不同的場合中不斷相遇，仿佛無論時間如何推移，我們都會與彼此的時間線產生交集。

這個世界沒有偶然，Katy 就是上一世太平的二哥，章懷太子李賢。

Neil 曾是太平貼身的帶刀侍衛，是太平那一世少數幾個真正瞭解太平的人，一個用其一生，護衛了太平半個世紀的勇士。

在太平公主只有三、四歲的時候，二十歲的 Neil 便被安排成為她的貼身護衛，一位非常忠誠、武藝高強、智勇雙全的真正的勇士。能被選中保護大唐兩位皇帝最寶貝的女兒，做太平公主貼身護衛，武藝、品格、忠誠度都必須是大唐最頂尖的。這種勇士，不會被收買，也絕不會在關鍵時刻背叛太平。

這是皇帝家族沿襲數代的一種制度性安排：在皇子、公主尚年幼之時，便從眾多十幾二十歲的候選者中，精心挑選出最可靠、最忠誠的人，放在他們身邊一同成長。這樣的人，被當作皇室子女的一部分，一同撫養長大，在日復一日的相處中，會與皇室子女形成一種情感上無法被打破的紐帶。

這些護衛並不只是執行命令的隨從，他們會像父親、像長輩一樣照料皇子皇女的成長。他們願意為皇子、公主付出生命，而且絕不背叛。這種“由成年人自幼陪伴、守護皇室子女”的模式，是皇帝家族世世代代沿用的傳統。Neil 就是以這樣的身份，被安排在太平公主身邊，成為她最親近、最核心的護衛。

太平的乳母，也就是我這一世的母親，也是這樣被安排在太平身邊的。她也是一位經過千挑萬選的、品行高貴、武功高強的勇士。

所以，太平是被一群真正的勇士帶大的。Neil 看著太平長大，幾乎是把她當作自己的女兒一般守護與撫養。太平被金龍選中的那一天，Neil 既驚訝又驕傲，像一位父親般，內心無比喜悅。

大哥李弘過世後，Neil 接替了原本由李弘承擔的角色，照顧並保護十二歲的太平，像是她的另一個父親。他也曾是太平親自率領的騎兵小隊成員之一，隨她奔赴邊疆、深入險地。有時，金龍會開啟只能容納二十人的快速通道，Neil 是那二十名隨行者中武藝最為高強的一人。無論太平走到哪裡，他幾乎都在。

他見證過太平一生經歷的所有艱難、歷練、疆場廝殺，以及各方勢力的刺殺；親眼目睹太平被杖責、被囚禁，跟隨她平叛，南征北戰，收復失地，為邊疆百姓重新建立家園；也見證了太平為了保護身邊的人、為了大唐的江山所付出的一切。

他欣賞太平的勇氣和胸懷，對下屬的公正與寬容；太平雖貴為公主，卻心地善良。當然，他也見過並不完美的太平——所有好的、壞的、醜的，以及她做過的錯事，他都見過。從裡到外，他見過完整的太平。

後來，Neil 年紀漸長，太平不再允許他繼續隨行，參與前線廝殺與高風險任務。但他依然留在太平身邊守護，始終不曾離開。Neil 在太平的世界裡，從來不只是一個“護衛”。他無懼兇險，始終堅定地站在她身邊，理解她、守護她，與她共同承擔重壓，是一名真正的勇士。他也是太平為數不多能夠完全信任、能夠說所有話的人。

他——從三歲到四十八歲，陪伴了太平的一生，是見證太平公主一生最完整的人。

Neil 很愛太平，但太平是公主，他們的身份差距太大，他只能遠遠地看著她、保護她，不能表達。他只能守護，不能靠近。這種無法說出口的遺憾，延續了很久很久，一直延續到後來許多世。

很多年以後，我終於明白，為什麼我會不自覺地被這個充滿少年感的“爹”吸引，還那麼、那麼喜歡他。

在 Neil 身邊，我感到很舒服、很安全。那種不需要警惕和防備的感覺，讓人十分放鬆。好像我所有的一切都可以攤在他面前，只做自己就好，我很享受這種感覺。

他也非常容易明白我的意思，不需多言。原來，這種無需言語的默契，是近半個世紀的累積，是深植於生命裡的信任，還有很多、很多的愛。

上一世，太子李賢親眼看見太平擁有 Neil 毫無保留的忠心、愛，以及為她赴死的決絕，非常渴望親身感受這種情感。所以，在進入這一世之前，他的條件是，給 Neil 機會接近太平，Neil 必須在這一世成為她的弟弟。

能接近太平的靈魂，可以重新開始，沒有階層，沒有皇權與禮法的束縛，一切皆有可能。面對這個條件，Neil 同意了。

在我轉世之後，他們也先後來到這個世界。這一世，Katy 比我小一歲，而 Neil 比我小兩歲。

## 感恩節

感恩節，我到 Katy 家吃飯。我先到的，剛從洗手間出來，就看到 Neil 站在客廳中央，那位前世護衛了我一生的知己，同生共死的勇士。他還是那麼純潔乾淨，身上發著白光。

Neil 看到我的第一眼，身體顫了一下，像是被卡車撞到——那是一種來自靈魂深處的震撼，也是彼此認出對方的感覺，完全與年齡、現實身份、婚姻狀況和外在條件無關。

靈魂對靈魂的認知，是能量場之間的交流，眼睛看不到，只有心能感覺到，也就是現代人所說的“量子糾纏”。

他非常緊張地說：“Hi。”

我歎了口氣，心裡罵自己：“你個蠢貨，到底是有多驕傲自大，才放棄了這麼一個純潔而美好的人？。”

Neil 大概是這一世我見過的最優秀的男人，我們北方男人裡的天花板：忠誠、善良、睿智、英俊、保護弱小，有責任感，有大愛胸懷。

上一世，他是大唐太平身邊最頂尖的、品格高貴的勇士。這一世，他依然帶著同樣優秀的靈魂品質。

因為靈魂不會改變，上一世的優秀，會延續到這一世。

接下來的派對裡，我坐在客廳角落的一張沙發上，安靜地觀察著這裡的能量場，和人在這個能量場裡人的情緒變化。

滿屋子的家人、小孩、熟悉的人聲，Katy 跟先生忙進忙出，李旦跟朋友玩遊戲。

手機裡大哥李弘要代表中國，參加深圳的騎射比賽了。Neil 這位少年感的爹，正在忙著照顧韓國老婆和女兒。這種現實與記憶交疊、現代與古代並存的感覺很奇妙。

Katy 還是橫豎都看不上 Neil 的老婆，左右都覺得她配不上自己的弟弟。其實 Neil 的日子過得平靜、安穩、波瀾不驚，就是有點累。

Katy 坐在沙發上，品著手中的紅酒，心想，要是 Neil 的老婆是 Lin，自己和 Neil 的關係會不會更好？是不是會更常見到 Neil？

我又歎了一口氣：你還是以自己的喜好和掌控為中心，Neil 快不快樂對你還是不重要。什麼時候你才能明白，這跟對方是誰沒有關係，而是跟你自己的內心有關？

Neil 的老婆當然知道 Katy 不待見她，所以一直表現得非常隱忍。挖到了一塊寶——一個我們北方天花板級別的男人，自然是非常珍惜的。

我坐在那裡，眼睛看著 Neil，心想，他的喜好，他想做的事，他的生活，憑什麼要被別人左右？

我接著看到三條時間線。

第一條：在這條時間線裡，Katy 沒有打那個電話給我，小獅子和少年感的爹，美滋滋地過完了一生都充滿陽光與幸福的日子。Neil 一直陪伴到我生命的盡頭。之後，他又活了很多年。Neil 的身體條件一直很好，非常健康、強壯，也非常睿智、懂得愛，所以他的身體能量幾乎是完美的。因為日子過得太過美好，自然也沒有任何理由去寫這本書。

結果，在那條時間線裡，太平的靈魂根本沒有機會想起來自己曾經是誰。死後，完全不知道自己的靈魂是源頭的一部分，也不知道自己不該走向"有光的地方"。於是，太平的靈魂再次被騙回了輪回的矩陣系統。在這一世的所有記憶被清空之後，被塞進一個新的身體裡，再一次送回這個矩陣之中。和無數的靈魂體一樣，繼續被當作電池，為矩陣發電，再次被困在這個矩陣之中。

第二條：Katy 打了電話給我之後，當天我就找到了 Neil。只行動，不廢話，小白兔快快樂樂地任我擺佈，絲毫沒做無謂的抵抗。之後的日子很快樂，大概有五到十年的時間。後來在球場上，遇到了那個超級愛打排球的李隆基，我就離開了。小白兔難過了好一陣子。這是當初太平的靈魂契約裡繞不過的設定。要寫出這本書，就必須遇到李隆基，就必須想起來，我曾經是大唐的鎮國太平公主。

這條時間線，是這個 Party 過後，我回去改的。

第三條：也就是現在的這條時間主線，也是最倔強、最清醒、最孤獨的一條。

這一世，太平的靈魂沒去禍禍那個小白兔一樣純潔美好的人，而是選擇了一條無比倔強孤獨的路，寫下了這本書，留下了一個痕跡。當太平的靈魂離開身體的那一瞬間，所有被矩陣封存的記憶全部湧回來。太平對著矩陣比了一個巨大無比的中指，隨後化作一道金黃色的五彩光芒，回到了虛空，回到了源頭——太平真正的家。

從此，在這個矩陣之中，這個曾囚禁太平數萬年的矩陣裡，再也沒有太平的靈魂。

我的這一世的選擇，與太平上一世並無不同。那一世，太平本可以選擇無比奢華、“善權謀”的宮廷生活，成為中國歷史上的第二位女皇帝。但她沒有。她選擇的是孤獨的、未知明日生死的戎馬生涯，選擇為大唐奪回失去的疆土，護佑那些需要被保護的人，本質上沒有任何差別。

這一世的 Neil 離開這個世界之後，又重新回來了。回來以後，他仍然繼續尋找太平，只是再也不可能找到她了。

太平離開了，但太平的這本書，在這個三維矩陣裡留下了這個痕跡。這個痕跡讓更多的人認識到，我們都是源頭的一部分，都擁有神的能力。人是有靈魂的，而且靈魂永遠不會死，也永遠不可能把自己的靈魂送給任何人。

我們不需要繼續留在這個充滿痛苦與折磨的矩陣裡。我們有選擇，我們可以選擇離開這個矩陣，可以選擇不再輪回，不再被奴役，不再做矩陣的發電機。

只是，我們願不願意想起來自己是誰？我們願不願意想起來自己是神的一部分，具有與神同等的超能力？

## 改變過去

時間本身是不存在的。

可以這樣想像：兩個人坐在那裡說話。人物 A 張嘴說話的那一刻，就是現在。

人物 B 看到人物 A 張嘴，但還沒有聽到他說什麼，因為聲音的傳播比視覺慢很多。這個時候，人物 B 所看到的，其實就是將來。而當人物 A 已經把話說完，那就已經成了過去。

所以，在空間裡，並不存在真正的時間概念，過去、現在和將來是同時存在的。

再把這個概念擴大到周圍的環境、所在的城市、國家、地球，乃至整個宇宙，所有的過去、現在和將來，在乙太之中，在高維空間裡，都是同時存在的。

時間，是被創造出來，用來奴役這個三維世界的一個工具。

人，是可以改變過去的。人的過去，會隨著現在的心念與情緒而改變。

從 Katy 家回來之後，我繼續追尋著靈魂的記憶，接著寫這本書。過程中，我驚奇地發現：二哥李賢已經沒有再下令刺殺太平了。接下來所有針對太平的刺殺行為，都是李賢身邊的人自行決定的，並非出於李賢的命令。

那一刻，我恍然大悟——原來，人真的可以改變過去，而改變過去的關鍵，就在於此刻的心念與情緒。人的過去，會隨著當下的心念與情緒而改變。

那天在 Party 上，我可以明顯感覺到 Katy 的情緒比以前穩定、放鬆。我沒有感受到因為我的出現，她通常會流露出來的防備、戒心和嫉妒，那種仿佛因為我的存在，就會讓她的丈夫覺得別的女人比她好，甚至讓她的兒女改變對她的愛與依賴的、被威脅的情緒。

整個聚會的過程中，我一直安靜地坐在那裡，不說話，觀察周圍的能量流動，以及每個人在這個能量場中的情緒變化。我把自己從人群中抽離出來，不與任何人交談，也不與她的丈夫交談，不與她的孩子互動，只是偶爾和 Neil 說幾句話。

所以，這一次我的出現，不再構成她認為可能存在的威脅。正是這一點——她自己的情緒，改變了過去。

也就是說，假設下一次我再見到她時，如果她再次感受到我對她構成威脅，那麼這種情緒層面的變化，又會重新改寫這條時間線的過去——李賢就會再次下令刺殺太平，直到太平不再成為他的威脅為止。

這個發現太重要了！

我們總是以為時間線是在我們前方延展的，但其實不是。時間線是在我們身後，而且它們仍然在身後被不斷地創建。它們之所以看起來又像是在前方，是因為一切都發生在“當下”。這正是你能夠創造悖論的方式。

什麼是悖論？悖論，就是看起來“同時都對，但又互相打架”的情況，是邏輯上講得通，但結果讓人卡住、矛盾、無法同時成立的狀態。

我們之中有足夠多的人，通過拒絕接種新冠疫苗，已經製造出了一個巨大的悖論。這個悖論，正好對應著“灰人”出現的時間點——因為灰人，本質上就是我們將來的自己。

新冠疫苗出現的那個時間點，正是灰人們被創造的時間點。從那個節點開始，人類被引導、被轉化，逐步走向“灰人”的形態。我們正處在這個節點。

說得再直白一點，接種新冠疫苗的目的，就是把現在的人類，轉化成將來的灰人。但是，因為有足夠多的人拒絕接種新冠疫苗，一個新的時間點被創造出來了——一個巨大的、一個能夠反向改變過去的時間點。

灰人，分為大灰人與小灰人。

大灰人，是我們人類在未來某一階段演化之後的形態。他們已經與源頭斷開，失去了原本完整的自我意識與情感結構，進入了一種高度退化的狀態。現在的大灰人，是從未來回到現在，試圖在這個已經形成的重要時間點中，改變既定結果。他們的目的，並不是毀滅人類，而是把自己改回去——改回仍然能夠與源頭重新連接的狀態，而不是徹底與源頭斷裂。

目前的灰人社會，實際上是一種蜂巢意識結構。他們並非獨立個體，而是整體連接在一個類似 AI 伺服器的系統之中。他們的意識是共用的，情感被剝離，自我被消解。大灰人想要回到的“原點”，也就是我們現在的人類狀態。他們是我們的將來，而他們正在從將來回到我們的現在，試圖修正那條曾經把他們從源頭徹底切斷的時間線。

小灰人則完全相反。

小灰人不希望這個時間點被改變。他們堅持要人類繼續沿著當前這條時間線前進，因為一旦這條時間線被改寫，他們將不復存在，小灰人的整體就會被抹除。

因此，小灰人要維持既定未來的發生，確保人類繼續走向那條他們已經賴以存在的時間線。

大灰人與小灰人之間，正在發生衝突。

他們之間的戰爭，正在我們感知不到的維度之中展開——在時間線、意識結構與未來可能性之間。我們人類，正處在這場衝突的核心位置。

那為什麼我們能夠創造悖論這個時間點？原因在於：無論你處在任何一個“當下”的節點，只要你在這個當下改變了某件事，這個改變就會向所有方向擴散。不管你身在何處，只要你在“這裡”做出改變，你就可以改變你之前的每一個人、與你同時存在的人，以及你前方將要出現的人。

因為，改變當下，就等於改變一切。

如果每一個人都能夠通過回顧歷史、直視歷史、真正看見它，那麼這一行為本身，就已經是在創造悖論。這種悖論，足以用來改變過去，甚至改變自己正在經歷的“過去”——可以將時間回溯到童年那些可怕事件發生的節點，並在那個節點上作出不同的選擇與改變。

那麼，這種行為將會產生什麼樣的影響？它不僅會影響當下的自己，也會影響存在于基因中的“幽靈”——那些在你之前存在過的每一個人。許多人彼此之間存在著深層的關聯，卻並不自知。一代接一代的孩子，一段接一段的婚姻，這種關聯既可以向前延展，也可以向後追溯。人們可能在完全不知情的情況下彼此牽連，發生在未知的時間、未知的節點。一旦某個關鍵點被改變，被改變的就不只是個人命運，而是整個人類的軌跡。

回顧歷史，本身就是一種承認。只有真正看見它、理解它之後，改變才會成為可能。因為我們必須先知道它，才能改變它。

一切都發生在當下，並不存在真正意義上的時間與空間。正因如此，人類才具備撤銷巨大事件、製造悖論、改變歷史的能力。

這個秘密——就是最不想讓我們人類知道的一個秘密，尤其是那些控制著這個矩陣與現實的人。

# CHAP 10 武則天執政

## 女皇、太平，婉兒，金龍

武則天登基後，唐朝依舊維持著傳統的三省六部官僚體系，各地仍然通過政令、奏章和朝會來維持運作。

這套傳統制度雖然穩定，但反應速度非常慢。一旦邊疆出現緊急情況，文書要從地方官層層上奏，送到三省，再由中書審議、門下覆核、尚書執行，中間往往需要數十天，甚至數月。

如果不加快反應速度，繼續依賴舊制度，唐朝在面對外部侵蝕時就會非常被動，也永遠無法收回已經失去的疆土。

所以，武則天登基以後，建立了一套比三省六部更快速、更精准、也更具革命性的系統。

武則天本人坐鎮中央決策，太平公主負責對外系統，上官婉兒負責對內系統，金龍提供整體的縱觀、評估和建議。彼此相互配合，形成一個可以同時運作內政、軍事、外交、邊疆、藩屬以及整個帝國運轉的三軸系統。

上官婉兒負責處理帝國內部龐大的信息量。她會過濾掉無關緊要的內容，只把真正影響國家運作的問題呈現給武則天，讓武則天在處理政務時，不至於被大量混亂的文書拖累。

太平公主常常在地方官員尚未上奏之前，就已經察覺到邊疆的變化。她通過從商路、部族、藩屬國、使節以及各地貿易點收集來的大量資訊，判斷外部的危險或機會。她對局勢的敏感度幾乎是一種天賦，再加上金龍的輔助，能夠在第一時間作出判斷，這是傳統官僚體系做不到的。

在這套結構中，四者之間不需要冗長的奏章，也不需要繁複的會議，只依靠真實、即時的判斷。

這種運作模式，讓武則天能夠以遠超傳統皇帝的速度作出判斷，並且以驚人的效率完成政務。帝國的整體反應速度被推到了前所未有的高度，讓唐朝在十五年間不但抵禦了外部滲透，還完成了看似不可能的恢復工程。

這期間，武則天在朝堂上正式賜予太平公主一把尚方寶劍。

這把尚方寶劍，可斬三品大員及以下官員，無需事先稟報。

賜劍並不僅僅是出於對太平的信任，更是將這把劍作為武則天本人執政意志的延伸。

有了尚方寶劍，太平在處理許多事務時可以自行決斷，不必事事往返請示。

同時，這也是對文武百官的一種震懾，避免因官僚作風而行動遲緩，迫使朝中各方必須配合太平，加快收復失地的進程。

武則天獨立執政後，最先做的第一件事，就是照顧百姓，讓每個人都有飯吃、有事情做、有地方住。她執政的時候，唐朝沒有流浪漢，也沒有居無定所的人。

所以，她當時在全國設立的是資訊箱，而不是告密箱，是用來認真傾聽民意，真正瞭解老百姓需要什麼。

同時，她在全國廢除了府兵制，讓老百姓只專心做生意、種田。取而代之的是雇傭軍制度，由雇傭軍來承擔打仗和保家衛國的職責，在各地設立雇傭軍的基地。

太平當時在全國各地，和地方政府一起建立雇傭軍制度，逐步把原本的府兵制徹底廢除。這樣一來，打仗和保家衛國由職業軍人來負責，而不是像以前那樣，一有戰爭就讓老百姓拿起刀槍上戰場，沒仗打時再回去種田。

所以，武則天的統治方式，是用心去治理，而不是依靠武力和暴力。在她的治理之下，當時的大唐是真正的繁榮，國泰民安。

歷史上寫了很多關於上官婉兒和武則天之間的恩怨情仇，都是胡扯。真實情況是，上官婉兒是被武則天像女兒一樣養大的。上官婉兒六歲就進宮，對她來說，宮廷就是她的家。上官婉兒和太平從小一起長大，不只是太平的學伴，也是姐妹。

上官婉兒的個性和太平不一樣。太平性格彪悍、勇敢、鋒芒畢露；而上官婉兒的氣質很穩定、很安靜，但同時內在非常堅定，也很剛強。她的性格並不軟弱，而是安靜而有力量。而且，婉兒比太平更瞭解武則天，也更理解武則天。沒有任何人，比她對武則天的執政和治國理念理解得更透徹。

從小，武則天就是把上官婉兒當作女兒一樣養。事實上，武則天自己的孩子，她一個都沒有親手養大，因為她太忙了。武則天從小就是被當作君王來培養的人，一直身處政治漩渦之中。和李治結婚後，她更多時間都放在執政上。

就連她最疼愛的太平，她也沒有多少時間陪伴，太平是李弘帶大的。相反，上官婉兒待在武則天身邊的時間是最多的。在武則天的孩子中，沒有任何一個人陪在她身邊的時間，多過上官婉兒。

後來，武則天獨立執政之後，直接給了上官婉兒一枚官印。大唐所有的詔書和律令，如果沒有上官婉兒的官印，都是不作數的。也就是說，她的權力之大，位居朝堂上文武百官之首。在當時，除了李旦和太平之外，武則天最信任的人就是上官婉兒，而且她是把上官婉兒當作女兒一樣信任的。

實際上的上官婉兒，更像武則天的另一個女兒。上官婉兒在朝堂之上，是百官之首的巾幗宰相，威風凜凜、聲名顯赫的人物；但在武則天身邊、在太平和李旦的眼裡，她是最值得信任的家人。

太平性格太剛，自從李弘被謀殺之後，她心裡就只剩下復仇和收復失去的疆土。這種仇恨貫穿了她的後半生，她只有一個目標，就是復仇和收復疆土。所以她常年不在武則天身邊，一直在外奔走，在邊疆來回奔波。

婉兒只要在武則天身邊，太平就會很放心。朝堂就有人照看，武則天也有人陪伴。所以太平常常一走就是很久，半年、一年，有時甚至更久。

相比之下，上官婉兒比太平更像是武則天的女兒。

## 太平收復失地，藩王石像

李弘被羅馬帝國暗殺之後，唐朝迎來了數十年來最嚴重的一次削弱。絲路的重要節點被侵佔，草原部族被操控，南方海路被切斷，藩屬國政權瓦解，各地民心在恐懼中迅速動搖。在李治仍在位時，武則天和太平便已開始佈局，著手收復大哥李弘遇害後大唐失去的疆土。太平不斷奔走於邊疆，在軍事行動與協商談判並行的情況下，一步一步將失去的土地重新納入唐朝版圖。

當藩王與部落首領同意歸順大唐後，太平會與他們殺血為盟。這不是後世以紙墨簽署的契約，而是一種古老而嚴肅的“殺血盟誓”——敬天地為證，雙方各自割血，將血滴入同一碗中，再彼此飲下，以此立誓結盟。

這種殺血盟誓，在舊制之中是必須被尊奉的誓約，被視為無上的榮譽。它是一種最高等級的聯盟儀式，不僅在政治意義上不可違背，在能量層面上，也被視為最強、最穩固的聯結方式。

後來，武則天登基，開始獨自執政，也就是太平約三十二歲左右，收復疆土的進程進入了更加系統、更加明確的階段。為了紀念每一次成功收回的重要土地，武則天下旨，在乾陵前立藩王石人為記，作為榮譽與見證。

每收回一處關鍵疆域，便立一尊石人。每一尊石人之上，都刻有歸順藩王的名字，以及歸順的具體時間。到武則天退位之前，這樣的石人一共立了十二尊。

## 共贏共建代替武力

太平收回失地的方式，是和藩邦一起建設，繼而由唐軍負責保護百姓，而不是用武力去征服。要拿回失去的土地，單靠軍隊是沒用的，真正決定走向的是民心。如果用征服的方式奪回，只會讓當地藩王和百姓在不同勢力之間來回搖擺，甚至陷入更深的混亂。

太平選擇了一條完全不同的路：重建、保護、共贏。

太平和金龍到來時，從不要求當地立刻回歸唐朝。她先讓生活恢復正常。她修復被毀的水渠，讓農田重新灌溉；她協助重建倒塌的房屋，讓百姓不再暴露在風雨中；她恢復村莊的集市，讓周邊部族重新進行物資交換；她設立學校和教坊，讓孩子讀書，讓婦女學習技能；她重新啟用糧倉，讓百姓在季節更替中穩住生計。她尊重當地的祭祀、婚俗、語言和傳統，不強制推行唐朝律法，也不要求地方改變原有風俗。

同時，在當地藩王首領同意下，派駐唐軍，負責保護當地百姓。唐軍營盤的選址，由藩王首領和唐軍共同決定。太平嚴禁軍隊侵擾百姓，不得干預地方事務，不得佔用土地。

太平讓邊疆百姓看見了一個穩定的未來，所以百姓已經不再恐懼，而是堅定地站在唐朝一邊。

在太平走遍邊疆、部族和藩邦的二十年裡，她建立的秩序逐漸取代了混亂。地方領袖選擇歸順大唐，是因為沒有人願意打仗，也沒有人願意失去生命和家園。

在太平府中，專門有一間屋子，供奉著大哥太子李弘的牌位。

每一次太平從邊疆歸來，都會先來到這裡，在李弘的牌位前點上一炷香，然後倒上兩杯酒——一杯敬大哥李弘，一杯留給自己。她會站在牌位前，將這一次邊疆之行的經過一一說給李弘聽：去了哪裡，結果如何，又收回了哪些土地，哪位藩王同意歸順大唐，盟約是在什麼時候立下的。

話說完後，太平會把屬於李弘的那一杯酒緩緩灑在地上，隨後舉起自己那一杯，一飲而盡。每一次，都是如此。

李旦第二次登基後的一天，太平滿身疲憊，從邊疆歸來。最後一塊失地，終於被收回。所有失地全部收回，石人的數量，最終湊齊了五十五尊。

太平入府後，第一件事，是沐浴、更衣，隨後擺上香案，燃香，倒酒。夜色深沉，明月高懸。

太平面向空中的月亮，開口說道：

“大哥，我太平當年立下的誓言——奪回大唐全部失去的疆土，今日，全部兌現了。”

“今天全部都收回來了，一塊不差。”

“請收下這杯酒。”

她停頓了一下，聲音低了下來。

“雖然失去的疆土已經拿回來了，但你不在了。”

“這個世界，在你離開之後，變了很多。我也長大了，我也在變老。這些年的路走得艱難而孤獨，可是，我對你的思念沒有變。”

太平抬頭看著月亮，輕聲問了一句：

“大哥，你在嗎？”

片刻之後，她又說道：

“不在也沒關係。你在那邊等我，我會找到你，告訴你後來發生的一切。”

“如果我死後，在那邊找不到你，我會在下一世裡找到你。”

“你等著我。我們會再見面的，一定會。”

“這是我太平的誓言。再一次，對天、對地、對你，立下的誓言。”

說完，她雙手舉起屬於李弘的那一杯酒，對著明月，將酒緩緩灑在地上。

隨後，她拿起自己那一杯，一飲而盡。

那一夜，太平對大哥李弘，許下了另一個誓言。

金龍靜靜立在她身後，沒有出聲。這一刻——這個誓言，已經被天地記下。

## 太平清理白馬寺

唐朝洛陽城外有一座看起來很肅穆的古寺，叫白馬寺。史書裡把白馬寺描寫成外來佛法傳入中原的象徵和中心，主要作用是傳播佛法。

但武則天和太平收到的密報顯示，白馬寺真正的作用和身份，是羅馬帝國暗中經營多年的一個情報中心。

所以，在收到情報之後，武則天和太平並沒有直接動手，而是選擇暗中監控，持續了大概八到十個月左右。來俊臣也是在這一階段，從軍中被調入宮中，協助調查白馬寺。

監控和暗中調查的內容包括：寺內僧人的出入路線、他們聯絡的對象、書信的流向、日常供給和資金來源，以及與周邊環境的關係。這些資訊都被悄悄記錄在案。

一直到整個組織結構和情報源頭被徹底摸清，最終確認白馬寺確實是羅馬帝國在東土布設的一個“間諜王”級別的情報樞紐。

佛門重地本身就是一個非常敏感的地方，必須查得非常清楚，不能出任何差錯。在確認所有情況都查清楚、確定無誤之後，武則天下旨，由太平親自處理。

拂曉時分，太平以“早起進香”為名離開洛陽公主府，率府兵悄然抵達白馬寺外。士兵叩響寺門時，寺內僧眾與住持以為公主前來進香，紛紛出寺迎接。就在太平踏入山門的一瞬間，她手中的禦令落下——

“封寺，盡搜。”

白馬寺僧眾當場被抓。

隨即展開的搜查，很快揭開了這座寺院的真實面目：密室中堆放著數量驚人的武器、暗號文書、情報往來信劄，甚至還有多套來自西方的密碼本。這根本不是一座寺院，而是一座偽裝成佛寺的情報機構。

搜查結束、證據全部到手之後，太平下令把領頭的三四名住持關進木籠子裡，押送回洛陽。

清晨時分，百姓剛剛起身，這些人被示眾遊街，洛陽城的每一條主幹道都走過一遍，讓百姓親眼看見潛伏在身邊的敵人。

夜幕降臨之前，太平又在洛陽四門布下重兵。夜間，白馬寺情報網中其餘關聯者，想要趁天黑逃亡的，正好撞入早已布好的天羅地網。當夜行動，這個隱藏多年的情報網絡，被一舉連根拔除。

為什麼起名“白馬寺”？

白馬寺這個名字，本身聽起來就不太像華夏體系，不太中式，對不對？實際上，“白馬”在西方的體系裡，是有對應含義的。

在羅馬及西方的象徵體系中，“馬”代表知識、傳播，以及人的意志向外延伸的力量。“四騎士”的象徵體系中，白馬、紅馬、黑馬、灰馬，分別代表不同方向的力量介入。這四者並不是並列出現的，而是按順序展開，構成一條因果鏈。

其中，白馬排在第一，代表的是“以知識為名的滲透”“以文明為名的征服”和“權威理念的建立”。

因此，“白馬寺”並不是唐人本土的命名，而是羅馬情報體系刻意使用的代號。“白馬”意味著披著知識、學術和文明傳播的外衣，來進行征服和權威理念的建立，本質上是以知識為掩護的滲透節點。

對白馬寺，唐人看到的是一座佛寺；而在羅馬內部的檔案中，它的真實名稱是——

“東土白馬節點”。

一個用於隱藏、集散、編碼與情報中轉的樞紐。

這些寺中的僧人，並非真正意義上的佛門修行者。

## 來俊臣，周興，狄仁傑

在中國歷史上，武則天一直是一個很有爭議的女皇帝。

武則天治國的能力可以說是首屈一指。在治理國家這件事上，她太強了，這一點連黑她的人都繞不過去。在治理國家的能力上黑不到她，就開始潑髒水、進行道德批判，把她塑造成一個為了維持皇權的女暴君。

說她用酷吏、用酷刑來統治天下；說她重用來俊臣和周興，用極其殘酷的手段逼迫百姓互相告密，製造高壓與恐懼，用來清除反對者、維持統治。

又因為武則天有男寵，便把她描述成淫婦，讓她被罵了上千年。

如果一個女皇帝有男寵，就被認為是非常不能忍受、不能接受的事，那男皇帝呢？每一個男皇帝後宮都有三千，那又應該叫什麼？

如果武則天被稱為淫婦，那些男皇帝又應該被叫什麼？淫棍？敢寫麼？

那些寫歷史的，出來走兩步，掰扯掰扯。

武則天在大唐全國各地設立的是“資訊箱”，卻被後人直接寫成了“告密箱”。但這個“資訊箱”的本意，並不是為了製造恐懼、鼓勵大家互相告密。

實際上，它的作用是繞開繁複而又極其遲緩的官僚體系，讓百姓可以直接把資訊、內心的想法、生活中需要被解決的問題，以及各種建議，用最快、最有效、也最真實的方式彙集上來。

同時，這對官僚體系本身也是一種警戒，相當於讓民意直接監督當時的政府系統，使整個大唐的行政運作清廉了許多，腐敗也沒有那麼嚴重。

而且，當時的大唐存在大量間諜，包括羅馬的間諜與滲透勢力，也包括一些達官貴族、官僚與羅馬相互勾結。資訊箱的存在，使這些間諜能夠以多種形式暴露出來，同時，民間潛藏的矛盾也得以被發現與呈現。

武則天的治理方式是，在收到這些資訊之後，都會親自核查。她真正關心的，是政府運作是否清廉，以及其中是否隱藏著危險。因為當時存在羅馬帝國的深度滲透，她必須在大量混雜的資訊中，分辨出真實的民意與真實的威脅。

因此，她在審理案件時，並不依賴酷刑，而是採用一種極為理性的方式。她會將相關人員全部召集起來，讓他們分別、單獨陳述，再反復比對。不同說法之間的矛盾，會自行顯現，謊言也會在反復核對中暴露出來。

她運用的是持續的群體面談與心理層面的博弈，而不是刑訊逼供。因為刑訊逼供在多數情況下只能得到假資訊，毫無價值。她依靠的是邏輯、分析與耐心，而武則天本人也具備極強的政治判斷力與辨別真相的能力。

因此，武則天在整理和處理資訊時，並不像史書中所寫的那樣依靠暴力。

來俊臣，在後世史書中被塑造成一個嗜血的酷吏，被描繪成極其殘暴、邪惡的人物。但事實並非如此。他真實的身份是一名軍人，具備很強的反偵查能力與豐富的軍事經驗，是一名非常出色的職業軍人。

當時，他是被短期調入宮中，協助周興清理間諜與間諜網路，並參與處理部分政務。任務完成之後，並非長期滯留宮廷，而是結束短期調任，回歸軍中。

## 狄仁傑

狄仁傑這位人物，在歷史與後世的敘述中被極度美化，被塑造成一位剛正不阿的清官，幾乎成為正義的代名詞，整體形象非常光明、正面。

但實際上，真實的狄仁傑是一個非常現實、極其善於權衡利弊的人，是政治意義上的機會主義者，也可以說是個典型的牆頭草。他極為靈活，深諳自保之道，從不把自己的立場站死。

他並不會因為自己是大唐的官員，就只忠於皇室和大唐子民。他更多是在不同勢力之間周旋，甚至在某些階段，與羅馬派系之間存在利益層面的交換與合作。

真實的狄仁傑，就是這樣一個人物。

# CHAP 11 神龍政變

歷史書裡所說的“神龍政變”，被描述成：武則天縱容武氏家族和男寵張宗昌專權，導致太平公主和大臣們聯合起來，逼武則天退位，把政權還給李家。

實際上，這並不是真實的原因。

武則天確實有一名男寵張宗昌，一人，不是兄弟二人。

最初，這個張宗昌只是宮中侍從，後來逐漸被提拔並進入朝堂任職。隨著權力上升和武則天的信任，張宗昌開始暗中對武則天下毒。

這種毒來自海裡的一種河豚毒，屬於神經毒素。如果放進茶水裡喝下去，人會進入一種類似假死的昏迷狀態：呼吸變得非常微弱，心跳幾乎探測不到，代謝也會變得非常緩慢，但並不會立刻致命。

張宗昌長期以來，是用一種劑量非常小的方式給武則天下毒。這種毒不會讓她立刻死亡，但會持續破壞她的神經系統和心血管系統。

而且，他也不是每天都下毒，而是有選擇地使用。比如在有重大政事、需要武則天非常清醒、需要面對很多人的時候，他就不會下毒；在日常狀態下，則是間斷性地下毒，讓毒性慢慢累積。

這種慢性中毒持續多年，逐漸摧毀她的精神狀態與認知能力，使她記憶衰退、判斷混亂，外表看似老年失智。武則天原本智慧卓絕，但在長期投毒的影響下，她的思維和言語發生了變化，最重要的是，她的自信開始一點點崩塌。所以，在她生命的後期，大多時間待在一個昏暗的房間裡。這種衰退並非自然老化，而是人為造成的失智。

最早察覺異常的是上官婉兒。

她長期負責起草並呈報重要詔令與文書。到了後期，連上官婉兒都被拒之門外，被告知皇帝不見客。上官婉兒很快意識到問題已經非常嚴重，因為大量緊急政務無人批復，武則天不再處理朝政，國家運轉開始出現嚴重的政務積壓。

在那個時候，武則天實際上已經被張宗昌以及他身邊的人完全控制了。

當時，上官婉兒立刻去找太平，告訴她情況不對。她已經很久見不到皇上了，甚至想要硬闖也不行，被人攔住，不允許進入。

太平當時並沒有意識到局勢已經接近失控，因為在她的認知裡，武則天強大到不可能被任何人控制。而且，那時太平正專心處理收復失地的核心事務，包括調兵、安撫民心、協助歸附地區恢復並建立地方行政體系，以及維持邊境安全。所以這件事，她並沒有過多在意。

一年之後，當婉兒再見到太平時，局勢已經變得非常危險了。

那一次，婉兒幾乎是用懇求的語氣對太平說：太平，你不能再走了，你不能再離開洛陽了。不然等你下一次回來的時候，皇宮已經換主人了。

她說，自己已經很久很久沒有見到皇上了，每一次求見都被擋在外面。因為見不到皇上，政務已經積壓得非常嚴重。她可以處理大部分事務，但有一些極其重要的事，必須由皇上親自拿主意，在等皇上下旨。她哀求太平一定要留下來處理這件事情。

太平聽清楚上官婉兒的話之後，大為震驚，立刻展開全面調查，很快發現，圍在武則天身邊的寵臣、婢女和太監，一共有八個人——六名男子、兩名女子。

他們徹底封鎖了武則天所有對外的資訊管道，連上官婉兒都無法進入內殿。

此時的張宗昌在朝廷中已身居高位，手中權力極大，而且幾乎完全掌控了內廷局勢。

政變前一夜，婉兒來到太平府，取出了一份武則天多年前親自擬定、由上官婉兒書寫的詔書。詔書中明確指定太平公主為皇位繼承人。

當時，朝廷中的任何詔令，若沒有上官婉兒的官印，一律不具效力。因此，上官婉兒在政務體系中，實際上掌握著極其重要、不可忽視的實際權力。

太平看過詔書之後，一點也不驚訝，因為在很久以前，母親武則天就已經對她說過，會把皇位傳給她，所以她並沒有絲毫的意外。

太平想了想，對上官婉兒說，把皇位繼承人改成三哥李顯，立刻召他回朝繼位。

上官婉兒聽後大驚，連忙說不行。她說，這是皇上的御旨，怎麼可以更改。她不能擅自改動詔書，尤其是這樣重大的事情，關係到整個大唐的安危。

武則天在很久很久以前，就經常對上官婉兒說，在她所有的孩子裡面，只有太平最適合接替她的皇位。在當時，唐朝確實已經沒有比太平更適合繼位的人選了。

太平當時，就是最合適的繼承人。

太平聽了，並不驚訝。她太瞭解婉兒了。婉兒一直對大唐、對武則天非常忠誠，從來沒有改變過。

太平對婉兒說："如果你不改，我也不會強迫你，因為那是你的職責所在。那樣的話，我也只能回來，坐上皇位，待在宮裡。但如果我坐在這裡，就沒有辦法再去邊疆收復失地，因為我不可能同時出現在兩個地方。"

太平繼續說："如果我留在宮中，就無法親自處理邊疆事務。這樣一來，那些本已穩住的地區，很快就會再次動盪。羅馬帝國對大唐的滲透和對邊疆的挑釁從未停止，一旦無人鎮守，這些好不容易收回來的土地，就會被一點一點地蠶食回去，邊疆必然失守。

"這些年邊疆之所以能夠穩定，藩王和地方勢力願意歸順大唐，是因為他們信任大唐能夠保護他們，不只是名義上的歸屬，而是真正讓他們安居樂業，也信任我會履行對他們的承諾。

"現在是收復邊疆失地最關鍵的時候。我用了近二十年的時間去佈局，一個地方一個地方地跑，一條戰線一條戰線地穩，一個區域一個區域地談，才走到今天。直到現在，仍然有不少失地還在重建和談判之中。

"如果我留在宮中，多年建立起來的信任就會崩塌，邊疆必然再次失守。到那時，我仍然不得不重新出征，再一塊一塊地把失地奪回來。與其走到那一步，不如一開始就穩住局勢。讓三哥李顯回朝繼位，而我繼續把大哥死後失去的那些土地，一塊一塊地拿回來。"

婉兒聽了以後，沉默了很久很久，最終還是同意了，將詔書上的繼承人名字，從太平公主改成了李顯。

第二天清晨，太平手持尚方寶劍，與上官婉兒及眾宰相率禁軍入宮。途中沒有任何抵抗。太平、婉兒與眾宰相大臣長驅直入，直奔武則天的寢宮，將那八名寵臣、太監與宮女全部控制，押過來跪成一排。

太平走到張宗昌面前，讓他抬起頭來。張宗昌哆哆嗦嗦地把頭抬了起來。太平兇狠地盯著那張俊美的臉，然後一劍穿胸，親手斬了張宗昌。

隨後，上官婉兒在殿前公開宣讀聖旨，召李顯回宮繼承皇位。

李顯非常意外地接下了繼承皇位的聖旨。在接旨的同時，他長長地、重重地松了一口氣。因為他終於不用再去刺殺太平了。太平畢竟是他的妹妹，他內心並不想對她下手，即便性格軟弱，也不願意殺她。

刺殺太平這件事，一直是韋後和她背後的勢力在操縱他去做的。因為武則天早就明確告訴過李顯，皇位只會傳給太平，其他的孩子都沒有資格繼承。所以，這麼多年來，韋後和她背後的勢力從未停止過對太平的刺殺。

李顯繼承皇位之後，武則天於次年離世，享年六十六歲。她的死因，是長期中毒引發的、不可逆的心臟與神經系統衰竭，並非史書所稱的八十幾歲自然辭世。

所以，“神龍政變”並不是太平要把皇位還給李家，逼武則天退位，而是當時的武則天因為長期中毒，精神狀態早已無法繼續執掌朝政了。

太平本來可以坐上皇位，成為中國歷史上的第二位女皇帝。但她需要繼續奔走邊疆，收復失地，無法坐在皇位之上、困守宮中，因此才有了讓三哥李顯登基的“神龍政變”。

可以說，是太平和上官婉兒聯手，終結了朝廷被控制、國家瀕臨失控的局面，使大唐的政權運作重新恢復正常。

如果沒有忠勇的上官婉兒在中樞死死守住朝政，在太平長期身在邊疆的那段時間裡，大唐早已崩塌，不復存在。

這，是上官婉兒第一次，將大唐從水火之中救了回來。

# CHAP 12 唐隆政變

## 李顯登基

李顯即位後，封太平為“鎮國太平公主”，並加封五千戶食。用現在的話說，戶食是相當於國家層面的國內生產總值配置。

太平公主被加“鎮國”封號，並加封五千戶食，並不是神龍政變之後的獎勵。

在唐朝，公主的戶食通常在一千戶左右，與王爺相當，而太平原本就已有一千多戶。這些戶食所得，除了維持公主府的基本開銷之外，絕大多數都被她投入到邊疆事務之中，用於收復失地所需的龐大支出。其餘不足的部分，則由朝中的文武百官上奏，請求撥款支持。

當時，太平常年奔走於邊疆，已經收復了大量失地，並在邊疆建立起一整套行政體系，協助百姓重建家園。此時的大唐國力強盛，不僅軍隊完整有序，也在武則天與太平多年的運作之下，使國家重新趨於穩定。

正因如此，朝中文武百官上奏請求，要求李顯加封太平公主“鎮國”的封號，作為助力，並另加封五千戶食，用於收復失地所需的大量資金與兵力。

因此，才有了“鎮國太平公主”的封號。

後來，這些資源全部被太平用於建立邊疆的軍政體系、安撫百姓、設立地方行政機構。更重要的是，當時大唐已經廢除府兵制，改用職業軍人，邊疆防務完全由招募的職業軍隊承擔，其所需經費與物資遠高於以往。軍餉、軍備、補給，每一項都是巨大的消耗。

所以，這五千戶食，是專門撥給太平，用於收復失地和處理邊疆事務的經費，而不是用來讓太平過奢華生活的。

也正因為有了這五千戶食，再加上太平原本就擁有的戶食，她在邊疆收復失地的速度，相比之前，更加迅猛。

李顯封她為鎮國太平公主，不只是示好太平在朝廷上的勢力，也是在拉攏太平所統領的大唐諸軍的力量——既是政治考量，也是對太平三軍統帥軍權的認可。

太平的一生，幾乎沒有過過奢華的生活。十八歲之後，她的人生便只剩下邊疆、軍務與國家。

在李顯執政期間，太平與李顯作出了一個極其重要的國家戰略決策——將金城公主送往吐蕃和親。這是唐朝外交史上一次影響深遠的舉措，也正是這一決定，對後來吐蕃佛教的宗派分化、發展路徑與傳承格局，產生了深刻而長遠的影響。這一事件的背景與後續影響，留待後文再述。

## 叛國的韋後

李顯與韋後的婚姻，本質上是韋後一手操縱的結果。韋後出身皇親國戚，自幼與其他貴族子弟一樣，被送入宮中接受教育與宮廷訓練。在那個時期，她認識了李顯。

在眾多皇子之中，韋後刻意選擇了性格懦弱、心性柔弱的李顯。對她來說，李顯是最容易掌控的物件。再加上她背後家族的政治勢力支持，她迅速抓住了李顯的弱點，將他牢牢控制在自己手中，並順勢嫁給了他。

韋後是一個野心極強的人。她想要的不是丈夫，是皇位和權力。事實上，這樁婚事從頭到尾，都是她親自策劃、推動並完成的。

安樂公主並不像史書中描寫的那樣好大喜功、妄想成為“第二個武則天”。她並沒有那樣的野心。事實上，安樂公主是被韋後刻意“養廢”的。

她與太平公主成長軌跡完全不同。太平自幼便按國家繼承者的標準培養：三歲騎馬，六歲騎射，八歲與騎兵同訓，武藝出眾；軍事、財務、政務無一不通，是以統治者的規格來培養的。

而韋後對安樂公主的培養方向，恰恰相反。她只讓安樂公主沉溺于奢華與享樂，從未讓她接觸政務，也沒有接受任何政治訓練，從來沒上過馬，更別提用兵。安樂公主一生都不知道政治和權力是何物。

韋後養她的目的，並不是讓她成為統治者，而是將她作為一枚傀儡來使用。除了吃喝玩樂，安樂公主並不具備執政的能力。

李顯繼位之後，韋後如願當上了皇后，但上官婉兒的權力地位並未因此削弱，反而依舊保持原狀。她仍然是一人之下、萬人之上，所有皇帝簽署的詔書與律法，都必須經過她的審核，並加蓋她的官印，才具備法律效力。婉兒手握實權，朝中大小事務都繞不開她，這也使她在韋後眼中，成為必須清除的心腹大患。

因為始終繞不過婉兒，韋後對她極度忌憚，多次設計陷害，甚至策劃刺殺。

在這段時期，上官婉兒多次遭遇刺殺，處境兇險。太平在二十歲左右掌握軍權之後，開始從自己的府兵中挑選四名武藝高強的護衛——兩男兩女，專門負責保護上官婉兒，同時也便於雙方之間的資訊傳遞。太平對朝堂配給的婉兒的仕衛並不完全信任，相比之下，她更信得過自己的人。

這四名護衛中，有一人一直陪伴上官婉兒直到生命的最後。

韋後在朝堂上聯合官員，試圖誣陷上官婉兒暗中與羅馬帝國勢力勾結。太平得知消息後勃然大怒，抄起尚方寶劍，立即入宮面見李顯，當面斥責了他一番。李顯只能辯解說沒有確鑿證據，事情最終也只能作罷，於是這次陷害便不了了之。

事實上，韋後試圖誣陷上官婉兒的同時，暗中與羅馬帝國勾結，簽下密約。其中一項核心條款，是將南北貫穿的大運河永久主權交給羅馬帝國，而且必須在限定時間內殺死李顯，奪取政權。

羅馬帝國不斷催促韋後快點殺了李顯，因為太平在邊疆收復失地的速度越來越快，大唐實力隨之增強，已經嚴重威脅到羅馬全面吞併唐朝的計畫。

密約簽訂之後，韋後開始暗中掏空國庫，在洛陽城外私養大量軍隊與馬匹，建立了獨立的軍隊體系，準備與羅馬軍隊裡應外合攻入洛陽皇宮。當時國庫幾乎被她洗劫一空。

最早發現異常的是上官婉兒。因為掌管國庫調度，所有出入帳目都需經她審核，她很快發現國庫出現巨額虧空，隨即前去告知太平。太平立刻展開調查。

不久之後，韋後親自下毒殺死李顯，此事與安樂公主完全無關。

李顯死後，韋後立年幼的李重茂為帝，以便繼續掌控朝政。

當太平徹底查清真相後，確認國庫被徹底搬空，幕後主使正是韋後，立即與李隆基聯手準備政變。

在政變之前，太平率軍突襲了韋後在洛陽城外郊區屯駐的兵馬。當時眾將士並不知道自己是叛軍。他們以為駐紮在那裡，是在保家衛國，是在守護大唐江山。

當他們見到鎮國太平公主與金龍之後，紛紛俯地棄械，沒有一人對戰太平。太平直入軍帳，當場斬殺叛亂的主帥，以及羅馬帝國派來的軍將，收編了韋後的大唐軍隊。

與此同時，太平的另幾路軍馬將洛陽四個城門圍得鐵桶一樣，城內之人無一能出。當晚守門的士兵見到是手持尚方寶劍的太平，城門即刻大開。太平的軍隊隨即長驅直入，毫無阻力。

同時，李隆基率守城禁軍直奔皇宮，誅殺了韋後與安樂公主。

整個過程中，真正受損的，只有羅馬帝國的奸細，以及韋後身邊的死士。

李顯在位的時間並不長，大概只有三年左右，不是五年。

## 上官婉兒隱退

在唐隆政變真正行動開始之前，婉兒已經與太平安排好退路。

為了避免韋後察覺異樣，婉兒提前離開洛陽。她安排了一名已經去世的宮女換上她的衣服、首飾與身份，以掩人耳目。宮中所有人，包括監視她的勢力，都以為她依舊在殿內履行舊職。

婉兒在太平公主的安排下悄然脫身，換上普通女子的服飾，乘轎子離城而去。一路上，每到一處，都有人接應，為她準備好新的名字、衣物以及維持生計所需的金銀。一路上的安排周密而謹慎，確保任何追查都追不到她的行蹤。

離開洛陽後，婉兒登上預先安排好的船隻，向東航行，最終抵達朝鮮半島附近沿海的一個小村落。那裡地域偏遠，居民簡單淳樸，也沒有人認識來自大唐的上官婉兒。

在那個安靜的小地方，她以新的身份生活下來，嫁給了當地一位性格穩重、內心溫暖聰慧的漁夫，過著樸素安穩的日子。

沒有權力，沒有朝政，沒有宮廷鬥爭，沒有刺殺，只有日出而作、日落而息的歲月。對於曾經一度站在大唐權力巔峰的上官婉兒而言，這種平靜是她嚮往已久的生活。

唐隆政變中，上官婉兒再次以忠勇之舉，將大唐從覆滅邊緣拉了回來。若沒有上官婉兒，就不會有唐隆政變；若沒有這場政變，大唐的國運早已中斷，也不會有後來延續至今的中國版圖。

這一世的上官婉兒——Anna，依舊站在權力的中心。她外表看似柔弱，內心卻依然剛強無比；仍是那個品格高貴、勇敢而無所畏懼的上官婉兒。

那四個武士中，有一名武士跟隨婉兒二十多年，重傷都不肯離開，一直到最後。這一世，他轉世為 Meggy，成了婉兒的好朋友。兩個人無話不談。

我們三個人也還是經常一起吃飯、聊天。依舊是好朋友，彼此牽掛著對方，不管相隔多遠，不論身在何處。

# CHAP 13 李旦登基

## 李旦登基

太平公主發動唐隆政變時，由她在城外統籌全域，李隆基則率禁軍突入內殿，親手誅殺了韋後和安樂公主。

安樂公主之所以被一併處死，並不是因為她本人做過什麼、犯過什麼錯，也不是因為她想當皇帝，而是出於政權穩定的現實考慮。如果她還活著，就很可能會被家族的政治勢力，或羅馬帝國利用，繼續扶持她作為工具。

安樂公主一直都是被韋後當作傀儡來培養的。她和太平不一樣，太平是能夠真正執掌朝政的人，而安樂公主只會聽話。如果這樣一個已經百分之百可以被操控的傀儡繼續存在，就一定會被那些想讓大唐陷入混亂的勢力所利用。

一旦如此，羅馬人完全可能以她的名義，建立另一個權力中心，或扶植新的反對派，繼續與大唐對抗，動搖朝廷根基。所以，李隆基選擇將這個隱患徹底除掉。

唐隆政變結束以後，太平擁立李旦為帝。在李旦正式登基之前，兩個人進行了一次非常關鍵的談話。

李旦實在不想再當皇帝。他已經當過一次皇帝，對政治鬥爭、朝堂上的爾虞我詐和兇險爭鬥極度厭倦，他讓太平自己去做皇帝。

太平說，如果她這個時候登基，就必須長期留在宮中，那邊疆收復失地的計畫就不得不暫停。而那段時間正是最關鍵的階段，這一切都是她花了將近二十年的時間，一點一點佈局、一步一步完成的。

當時還有很多失地仍在談判和安撫之中，大約還有將近一半、約四成的邊疆失地尚未完全收回。此前因為平定韋後叛亂、處理宮廷危機，她已經被迫分身，邊疆事務也因此停滯了一段時間。而且，邊疆修復失地的事情，只有太平和金龍能夠完成。

太平說：

“我知道你不想當皇帝，也厭惡處理政務，你先坐在這個位置上。只要你在朝中，我就放心。我還能繼續到外面去收復失地，把那些地方一塊塊拿回來；同時，我也可以替你處理政務。現在已經有四十九個藩王石像了，再六個，我就能全部收回來了。”

李旦思考良久，最終答應繼位，並全力支持太平。就這樣，李旦被太平連哄帶騙，再次登基，當上了皇帝。那以後，太平也如當初承諾的一樣，在收復邊疆失地的同時，也一併打理大唐的政務。

李旦再次執政後，又加撥給太平五千戶食，加起來一萬戶食，全部用於收復邊疆失地的軍費，以及相關的軍政事務開支。

在李旦的絕對支持下，太平的任何計畫和行動幾乎不受任何阻礙，再加上從韋後那邊收編過來的大批大唐兵馬，太平收復疆土的速度如虎添翼，勢如破竹。

這段時期，是太平二十四年收復疆土過程中，速度最快、範圍最大、也最順利的一段時間。

在這五年裡，太平以極快的節奏推進邊疆事務，不僅收回了因羅馬勢力介入、太子李弘被害後失去的全部疆土，還使唐朝的版圖進一步向外擴展。這是太平最專注、也最高效的階段。她一邊穩住朝堂、平定餘亂，一邊完成收復國土的整體佈局，為大唐重新奠定了穩定而堅實的基礎。

唐睿宗李旦，也是唐朝歷史上在史書中被刻意弱化的一位皇帝。實際上，李旦文武雙全，性格剛強、果斷，心地善良而慈悲。

這一世的李旦，依然外表儒雅，心地善良，內心依然剛強而堅定。他愛的方式，仍是默默支援、默默守護。

# CHAP 14 太平死後

## 無字碑上的字，是什麼意思

李隆基對女人當政這件事，內心裡是非常反感和厭惡的。他認為女人就應該待在後宮，不應該參與政務，更不應該執掌朝政，而國家的事情應該由男人來掌控。因此，他對太平和上官婉兒，甚至對武則天，內心是極度憎恨的。

他登上皇位，並未真正掌握全部權力。原因在於當時整個大唐，從朝廷到軍中，從地方到民間，大約有七到八成的支持力量仍然站在太平一邊。

他渴望擁有像太平那樣的權威與聲望，渴望得到全大唐上下的擁戴。但只要太平還活著，他就無法做到這一點。太平權傾朝野，還擁有軍隊的支持，以及百姓的愛戴，這些都是李隆基無法取代、也無法複製的根基。

而且只要太平願意，隨時都可以廢掉他這個皇帝。所以這讓他寢食難安，同時又極度渴望權力，渴望真正的皇帝應該擁有的那種掌握天下、一呼百應的權力。

為了獲得大唐的全部權力，李隆基選擇了與羅馬人合作。他登基之後，羅馬人便主動與他接觸，承諾提供金錢、軍力和全面的支持，條件只有一個——除掉鎮國太平公主。

太平被謀殺之後，李隆基並未因此穩固政權。相反，由於他不具備太平那種支持基礎，羅馬人隨即出兵，只用極少的人馬，便迅速控制了大唐。太平死後不到三個禮拜，李隆基就淪為傀儡。

隨後，羅馬帝國出兵乾陵，砸毀了原本立在李治與武則天墓前的墓碑，換上了一個新的、形狀像只中指頭的四方形石碑。

看到這裡，把中指伸出來，看一看，武則天的這個被後人稱作的“無字碑”，像不像手掌中的中指？

“豎中指”，在西方文化中是極其粗暴、侮辱人的。意思是“Fuck you”，翻成中文就是“幹你”的意思。

穿刺者弗拉德, 當年他讓士兵用一頭削尖的棍子，把敵人和土耳其人從直腸貫穿上來，然後釘在木樁上展示。到後來，他已經不需要說話了，只是豎個中指，他的士兵就知道怎麼做了。這就是豎中指的真正由來。

用屍體構築恐怖的景觀，讓人心生畏懼，其目的並不在於殺戮本身，而是在精神層面的征服——告訴所有人，羅馬帝國的權力與力量是不可抗拒的。

現在整個西方世界，比中指的行為是非常普遍的。大多數的人不知道，這個比中指的行為，真正的意思是把人插在木樁上，是一種非常殘酷的死亡方式，非常暴力殘忍的行為。

所以，羅馬人在乾陵、李治和武則天的墓前，豎了一根大大的中指。

這種四方立柱形的碑，真正的含意是：

對天宣誓，對地立法，對後世封印主權

類似的這種四方立柱的碑形，全球都有，可以參考最著名的美國華盛頓紀念碑。

在這個中指上，不是沒有字，有字。只是寫的是沒人能讀懂的古文字元號，是羅馬帝國在東方設立的新羅馬律法，翻成中文的大意是：

“這片土地上，大唐以血統世襲的統治終結了。這個時代終結了，一切都終結了。曾經存在的，將永遠不可能再站立。舊時代結束了，新的時代從這一刻開始。這片土地和土地上的所有，都處在羅馬帝國的統治之下，所有的一切皆歸於羅馬帝國。你們原有的帝國，不再以原本的方式存在，而是存在於羅馬帝國的統治之下。”

現在，每個去乾陵的中國人，在驚歎乾陵的宏偉壯觀、景色優美，敬仰這位中國歷史上唯一的女皇帝的同時，也等於認同了這塊碑上沒人看得懂的文字，也就是羅馬帝國在華夏大地的律法。也就是在能量場上，對天地宣誓，對羅馬帝國統治的認同，和對羅馬帝國的臣服。

2025 年，無字碑上被加蓋了一個方形的紅頂。這個紅頂的顏色，在能量上有戰鬥和修復的作用。

因為現在地球正在經過其他高維度星體，封鎖地球的封印正在裂開，高頻波段不斷地照射進來。

為了不讓這根巨大的中指被損毀，影響羅馬帝國在中華大地上的統治，於是就在上面加了一個紅色的蓋子。

在那個時期，世界上有不少女性統治者，她們治理國家的方式，更多是出於慈悲，而不是依靠鐵腕。除了武則天之外，還有埃及的納芙蒂蒂。她的半身像，以及刻在牆上的相關圖像，都被人為鑿毀。非洲也有女性統治者，澳大利亞、北美和南美各有一位。

當時的羅馬帝國，每征服一個國家或地區，都會把這些女性統治者的相關記載全部毀掉，包括她們的墳墓、牆上的文字，以及一切與她們有關的歷史記錄，然後重新書寫歷史。

關於太平公主的真實歷史，也有對應的卷軸，並且至今仍然保存著。

# 六十一蕃臣石像

羅馬帝國毀了李治和武則天的墓碑的同時，立於乾陵朱雀門外的六十一尊與真人等高的石制蕃像，現稱“六十一蕃臣像”，全部被砍去了頭顱。

當時六十一位地方統治者中，有四十三人仍然在世。

其中十三人拒絕接受羅馬帝國的全面接管，拒絕公開宣誓臣服，全部被斬首。因為按照要求，他們必須站在各自國家的首府前，跪地叩首，向羅馬帝國當眾俯首稱臣，並親自完成整套屈辱性的儀式。

砍下統治者的頭顱，是在整個帝國範圍內釋放一個極其明確而殘酷的信號：不服從，這就是下場。等於公開宣告——這就是拒絕服從的下場，要麼活著臣服，要麼死。

同時也是在警告這六十一位藩王的後世子孫：如果不服從羅馬帝國的統治，你們就會被砍頭。

唐朝從開國到武則天執政，統治理念一直都是以民為本，把保障大唐百姓的安全和生計，作為一切政策決定的根本。也正是在那個時期，大唐才真正迎來了盛世，而以民為本，是大唐盛世最根本的原因。

武則天去世之後，太平公主延續了她以民為本的理念。雖然太平沒有正式登基成為皇帝，但她手握兵權，同時又擁有朝廷的支持和百姓的愛戴。這種支持不是來自恐懼或強制，而是一種真實而廣泛的認同。

如果太平在世，羅馬帝國是不敢這麼做的。因為太平一定會率領金龍和整個大唐，與羅馬帝國血戰到底，羅馬人贏不了太平公主。

所以，羅馬帝國如果要征服大唐，就必須先除掉太平公主。

從謀殺太平公主、征服大唐、毀掉李治和武則天的墓碑、砍掉石人頭顱，只用了兩到三周的時間。

至此，羅馬帝國征服全球的計畫完成了。如果把地球看作一個有活的、有生命的人一樣的話，西方是地球的腹部，印度是地球的心臟，而當時的大唐，就是地球的大腦。

當時的大唐，是地球上最後一片需要被征服的疆土，也就是地球的大腦。太平公主被謀殺之後，大唐被徹底征服，征服地球大腦的計畫也隨之完成。至此，整個地球全部歸於羅馬帝國的統治之下。

大唐鎮國太平公主死後，世界上再無真正意義上的主權國家。

## 乾陵黃巢盜墓，鳳凰挖心

武則天去世後，靈魂在離開身體、迷失方向、不知所措的一段時期內，被羅馬帝國滲透進來的黑僧侶在進行所謂的“超度法事”時，將她的靈魂鎖入一個用於禁錮靈魂的容器之中，並以邪惡的鎮法將其封印在乾陵裡面。

武則天的靈魂被封印之後，在乾陵裡度過了一段非常煎熬的時間。起初她以為只是暫時被關在裡面，但等了很久，始終沒有人來救她。

後來，她靈魂裡的情緒越積越多，有憤怒，有不甘心，有失望，有沮喪，還有後悔。直到她意識到自己是不死的靈魂，是一種能量體，永遠不會真正死亡時，她才明白，自己無法靠死亡從這裡解脫。她很可能會被永遠封印在這裡。

雖然武則天有這些情緒，但她並沒有放棄。這個陣法封住的是上方和四周，底下並沒有被封住。於是，武則天把自己的能量不斷向地底延伸，一直往下鑽，鑽得很深很深。

最終，她將自己的一部分能量浸入到地球深層的水源之中，並與土壤混合在一起。

武則天被封印在乾陵裡的時候，周圍的百姓是能夠感受到她的能量的。那個時代的人，並不像現在的人這樣被嚴重催眠，完全叫不醒，有的用大炮轟都轟不醒；有些人就算被轟醒了，轉身又回去繼續睡。當時的人，對天地運作、對自然與靈魂的法則，有著很深的理解，是非常清醒的。

他們在感受到武則天的能量之後，便開始在地面挖掘，並將從地底挖出來的水用於日常飲用，澆灌莊稼。武則天雖然肉身已死，但她的靈魂以自己的方式，一直在護佑著大唐那片土地，以及土地上的人。

在武則天被封印的第九年，有盜墓賊在乾陵外撬動石塊時，意外挪動了封印她靈魂的陣法，封印中出現了一條很小、很窄的縫隙。武則天的靈魂就借著這個機會，從封印中逃了出來。

## “挖心注水”和“斬翅釘尾”風水佈局

從空中俯瞰武則天乾陵的陵園，山脈的整體形狀非常像一隻展翅翱翔的鳳凰。但它的尾部、心臟位置和翅膀，都遭到了不同程度的破壞和損毀。

這是“挖心注水”“斬翅釘尾”的風水佈局，不是傳說。

當時的大唐，是整個地球上最後一塊被完全征服的土地。鎮國太平公主被謀殺之後，羅馬帝國就完成了對全球的征服計畫。

羅馬帝國在損毀了李治和武則天的墓碑之後，立起那塊巨大的無字碑、那根象徵性的“中指”的同時，還對這只展翅翱翔的鳳凰實施了挖心、注水、斷翅、釘尾的風水佈局。

這不只是為了阻止武則天這位中國歷史上唯一的女皇帝的靈魂，再次回到中華大地，或者在未來再次出現一位能與羅馬帝國抗爭的女皇帝。

這個佈局真正的目的，是讓整個地球不再出現任何一個敢於與羅馬帝國抗爭的女性統治者。

如果把地球看作一個人的話，大唐所在的位置就是大腦，而這只展翅翱翔的鳳凰，處在大腦的中心位置，相當於松果體。用挖心、折翅、釘尾，來破壞松果體，是為了阻止整個地球上再次出現一位能夠與羅馬帝國對抗的女性統治者。

而在此後一千三百年裡，整個世界，確實沒有再出現過這樣一位女性統治者。

自武則天去世至今一千三百多年，她的乾陵被盜過無數次，卻從未有一次成功。

其中最著名的，就是黃巢率領四十萬大軍的“盜墓”事件，最終留下了一條深約四十米的大坑。

黃巢的軍隊並不是去盜墓的。

真正的原因是：羅馬帝國在得知武則天的靈魂已經逃出去了以後，發現她的能量仍然留在當地的水源之中，通過水源灌溉莊稼、供養百姓、流入河道。黃巢是奉命前往，目的不是進入陵墓，而是把這股能量從水源中挖出來。

所以才動用了四十萬人，挖出了如此巨大的溝壑。

他們以為這個溝挖得夠深了，已經把武則天留下的能量徹底挖乾淨了，但其實並沒有。武則天的能量，仍然存在於極深、極深、極深的水源之中，接近地球核心的層面，他們根本無法觸及。那股能量直到現在，仍然還在那裡。

所以，黃巢並不是去盜墓的。他是去破壞水源中，武則天留下的能量。

羅馬人在武則天去世後不久，就試圖盜掘她的陵墓。他們的目的，是把武則天的遺體挖出來，利用她的骨髓和骨頭進行克隆。

因為武則天太強大了，她是一個他們無法打敗、也無法掌控的君王。所以他們想用她的骨髓和 DNA，克隆出另一個武則天，再操縱這個克隆體，去穩固他們對整個世界的統治。

另一波人，就是大唐的人和現在的中國人，除了為了財物之外，他們還想把武則天從墓裡挖出來，把她的骨頭磨成粉末。他們以為，只要把武則天的骨頭粉末喝進身體裡，就能獲得她的能力、她的力量，她的權力，以及她性格中所有屬於君王、統治者、明君的特質。

但每次盜墓開始、動手挖掘時，就會出現極端天氣，盜墓就無法繼續。

真正的原因是：

武則天的墓並不是無人守護，而是有一整個龍的家族在守護。武則天的血脈，是隋唐龍族的血脈，源自遠古時代。

因此，她的陵墓是由一整個龍族家族看護著。

這也是為什麼太平公主會擁有屬於自己的那條金龍——那條金龍同樣也來自這個家族。

在能量層面上，武則天有一條屬於自己的深藍色的龍，一直在守護著她的陵墓。

權力的遊戲，講的是西方世界中，龍族在三維空間裡與人類血脈綁定的歷史；而金龍和太平公主，則是東方世界裡，龍的家族與武則天家族血脈的歷史。

現代人並不是不想挖，也不是怕斷子絕孫，是他們打不過高維度的整個龍的家族，打不過那些看墳的真正“大佬”。

所以，數十次盜墓，沒有一次成功。

# 上官婉兒墓

李旦再次執政不久，上官婉兒在家裡因難產去世。消息傳回大唐時，太平公主非常非常難過，寫下了那首“千年萬歲，椒花頌聲”的悼詞。

上官婉兒是一位極具才華、充滿智慧的政治奇才，同時也是性格剛強、勇敢無畏的勇士。如果不是婉兒的忠勇與膽識，就不會有神龍政變和唐隆政變，也不會有今天中國的版圖。

上官婉兒這位忠勇的女性政治家，是一個值得每一位中國人記住的名字。她真實的家世與歷史，她為大唐力挽狂瀾、救國於危難的歷史事實，都應當被真實地記錄下來。

李旦將皇位傳給李隆基之後，李隆基派人將上官婉兒的遺骨從墳中挖出，丟到洛陽一處埋葬平民的亂墳崗裡。這是一種死後的羞辱——意思是：你活著的時候我對你無能為力，你死後也要讓你不得安息。

李隆基對上官婉兒懷有一種極其扭曲的恨意。因為在武則天執政時期，她與太平公主所擁有的滔天權力，在男權社會中對他而言，是絕對不能被允許的。

後來，李旦得知李隆基所做的事情後，便在太平公主家族的墓地裡，為上官婉兒立了一座衣冠塚。

碑文由李旦親手所寫，記錄了婉兒的生平、政績，以及她多次拯救大唐於水火之中的歷史功績。同時，也將太平公主悼念上官婉兒的那首十六字詩——

“千年萬歲，椒花頌聲”

一併刻在了碑上。

李旦過世之後，李隆基派人前往太平公主的家族墓園，毀了上官婉兒的衣冠塚，還將李旦為上官婉兒立的碑一併砸碎，重新立起了一塊寫滿謊言的墓碑。為了讓這塊墓碑在後人面前顯得更加“可信”，他刻意保留了太平公主的“千年萬歲，椒花頌聲”悼詞。

2013 年，上官婉兒的墓碑被考古人員發掘出土。

這塊充滿謊言的墓碑，如今存放於陝西考古博物館之中，供世人瞻仰。

## 李旦安葬太平

太平被謀殺之後，李旦悄悄地將自己最疼愛的妹妹，安葬在她童年時最喜歡去的地方。那裡依山而建，每到春夏，她都會被帶去那裡，避開宮廷的喧鬧與繁重的功課。

李旦將太平的墓隱藏起來，還有一個重要原因。羅馬帝國對太平恨之入骨。自十八歲起，她隨軍出征，後來統領三軍，收回了羅馬帝國在謀殺李弘之後奪走的大唐近一半江山，甚至還奪回了更多土地。

然而，羅馬人始終無法擊敗這位智勇雙全、鐵骨錚錚、手握軍權與民心、絕不妥協屈服的大唐鎮國公主。

李旦擔心，羅馬人會在太平死後褻瀆她的遺體，將她的屍骨拋出、曝屍、遊街示眾——因為他們曾試圖盜掘母親武則天的陵墓。

因此，李旦只帶了兩名親信隨從，悄悄地將太平安葬在那個無人知曉的地方。

太平死後不到兩年，李旦離世。

五年之內，上官婉兒、太平公主與李旦相繼離世。

# CHAP 15 沒有遺憾

## 沒有遺憾

不久以後，美國的感恩節，我的家裡。

天氣有些冷，院子裡的樹上還剩下零星的葉子，但已經不多了。房子裡燈光明亮，很溫暖，空氣中彌漫著烤火雞的香味。

我坐在角落的沙發裡，Sunshine 一直在我身邊，從未離開。

大哥李弘溫和耐心地和孩子們聊天，Katy 滿足地品著紅酒，吃得不多；李旦緊張地忙著和朋友打電動遊戲。婉兒和 Neil 細心地照顧家人，陪孩子吃飯、聊天。

我安靜地、很享受地坐在那裡，終於又和我的靈魂的家人們聚在了一起，很溫暖。

這一世，沒有皇權之下的猜忌兇險，也沒有金戈鐵馬中的顛沛流離。

我做了我想做的事，沒有遺憾。

www.ingramcontent.com/pod-product-compliance
Lightning Source LLC
LaVergne TN
LVHW090603110826
845146LV00001B/246

*9798994647912*